우리
엄마는
왜?

구르는돌 01

우리 엄마는 왜?
인간적으로 궁금한 엄마의 이해

김고연주 지음 | 오승민 그림

2013년 5월 13일 초판 1쇄 발행

2018년 3월 31일 초판 8쇄 발행

펴낸이 한철희 | **펴낸곳** 돌베개 | **등록** 1979년 8월 25일 제406-2003-000018호

주소 (10881) 경기도 파주시 회동길 77-20 (문발동)

전화 (031) 955-5020 | **팩스** (031) 955-5050

홈페이지 www.dolbegae.co.kr | **전자우편** book@dolbegae.co.kr

블로그 imdol79.blog.me | **트위터** @dolbegae79 | **페이스북** /dolbegae

책임편집 김혜영 · 권영민 | **표지 및 본문 디자인** 박진범

마케팅 심찬식 · 고운성 · 조원형 | **제작 · 관리** 윤국중 · 이수민 | **인쇄 · 제본** 상지사 P&B

ISBN 978-89-7199-544-0 44300

ISBN 978-89-7199-543-3(세트)

우리 엄마는 왜?

인간적으로 궁금한 엄마의 이해

김고연주 지음 ― 오승민 그림

돌베개

알쏭달쏭 '엄마' 퍼즐

엄마. '엄마'라는 단어를 들으면 뭐가 떠오르나요? 아마도 자애롭고 희생적이고 사랑이 넘치는 이미지가 떠오를 거예요. 하지만 주위를 둘러보면, 아니 그냥 우리 엄마를 생각해 보기만 해도 그런 이미지에 딱 들어맞는 엄마는 굉장히 드물다는 사실을 쉽게 확인할 수 있죠.

저희 엄마도 그래요. 기본적으로는 헌신적이고 사랑이 넘치는데, 항상 그런 것 같지는 않단 말이죠. 아무리 생각해도 저희 엄마는 참 아리송한 것 같아요. 삼십대 중반인 제가 지금까지 엄마 때문에 깜짝 놀랐던 적이 두 번 있어요.

첫 번째 사건은 대학에 합격하고 서울로 오기 전에 광주 살 때 있었던 일이에요. 가족들은 며칠 후면 제가 서울에 간다고 서운해했지만, 저는 대학 생활에 대한 기대감 때문인지 그다지 서운하지 않았어요. 그날도 여느 날처럼 가족들과 산책을 하는데, 엄마가 뜬금없는 말을 불쑥 뱉었어요.

"연주야, 연대 가지 말고 여기서 대학 다니면서 엄마랑 살자."

저는 제 귀를 의심했어요. '엄마가? 지금 엄마가 한 말이 맞나?' 그렇게 '서울대 서울대'를 외치던 엄마였기에 제가 연세대에 합격했을 때 한편으로 실망하면서도 한편으로 정말 기뻐했거든요. 자식을 좋은 대학에 진학시키는 것이 엄마에게 가장 중요한 목표인 줄로만 알았는데, 엄마 입에서 이런 말이 나오다니요. 저는 엄마 말을 듣자마자 '무슨 그런 말도 안 되는 소리를……'이란 생각과 동시에 '다른 사람도 아닌 엄마가 연대를 가지 말라고?'라는 생각으로 머릿속이 복잡했어요. 엄마는 아무 대답도 하지 않는 저를 보며 "아무래도 안 되겠지?"라며 체념하는 미소를 지었답니다.

아마도 엄마는 그 말을 할까 말까 수백 번은 고민했을 거예요. 하나마나 한 소리니 하지 말아야겠다고 다짐해 놓고서, 당신도 모르게 입 밖으로 튀어나왔을지도 모르죠. 그런데 이렇게 딸이 엄마 품을 떠나 혼자 서울에 사는 것을 마음 아파했던 엄마였지만, 제가 서울에 온 후에는 언제 그랬냐는 듯이 전화도 하지 않고 어떻게 사는지 들여다보지도 않았어요. 거의 1년에 한 번씩 이사를 하며 기숙사, 하숙집, 고시원, 자취방을 전전했지만 엄마는 한 번도 와 보지 않았어요.

제가 엄마 때문에 깜짝 놀랐던 두 번째 사건은 서울에 온 지 12년이 흘렀을 때의 일이에요. 갑자기 광주 집에서 택배가 와서 열어 보니 갈비니 전이니 여러 가지 음식이 잔뜩 들어 있었습니다.

"어! 엄마가 왜 이런 걸 보냈지? 무슨 일 있나?"

정말로 깜짝 놀랐어요. 그도 그럴 것이 12년 만에 처음으로 엄마가 음식을 보냈으니까요. 저는 부랴부랴 집에 전화를 걸었어요. 따르릉 소리가 어찌나 길게 느껴지던지요!

"엄마, 택배 왜 보내신 거예요?"

"응, 받았구나? 아빠가 냉장고 좀 비우라고 하셔서."

"아— 네."

그제야 마음이 놓였어요. 엄마는 그 후로 가끔 음식을 보냈고, 저는 '아빠가 또 냉장고를 비우라고 하셨나 보네.'라고 생각했지요.

이렇게 음식도 보내지 않고 전화도 하지 않고 찾아오지도 않는 등 제 생활에 관여하지 않는 엄마의 태도는 초지일관이어서 심지어 제가 결혼 준비할 때도 한 번도 올라오지 않으셨어요. 엄마 없이 혼자서 준비하는 저를 보다 못한 남편 어머니가 이것저것 챙겨 주셨죠. 사실 엄마의 친구들도 서울에 혼자 있는 딸에게 음식도 보내지 않고 찾아가지도 않는 엄마더러 '계모' 아니냐며 혀를 내둘렀다고 해요.

'도대체 엄마의 본 모습은 뭐지? 그렇게 명문대 타령을 하더니 연대를 가지 말라고? 게다가 연대 가지 말고 같이 살자고 할 땐 언제고 완전히 방치하는 건 또 뭐야? 함께 살 때는 과잉보호하는 엄마 때문에 피곤할 정도였는데 말이야.'

저는 이런 엄마를 이해하기가 쉽지 않았어요. 누가 봐도 '일반적인 엄마'는 아니었으니까요. 도대체 엄마의 비일관적인 태도를 어떻게 설명해야 할지 몰라 고민하곤 했어요. 하지만 그렇게 고민하면서도 엄마에게 대놓고 물어보지는 못했답니다. 엄마와 마음을 터놓고 얘기할 기회도 없었을 뿐더러, 항상 '가족'을 우선시하는 엄마와, 엄마처럼 살고 싶지 않은 저는 가치관이 너무 달라져 있었어요. 게다가 엄마에게 그런 이야기를 하면 제가 서운해하거나 비난한다고 생각할까 봐 걱정이 되기도 했고요.

하지만 엄마의 비일관적인 태도에 대해 꾸준히 고민하다 보니 엄마의 행동들이 퍼즐처럼 조각조각 맞춰지기 시작했어요. 꽤 시간이 흐른 뒤에 저는 이렇게 결론을 내렸답니다. '엄마는 가족을 위해 희생하면서 사는 삶에 자부심을 느끼는 분이다.'

엄마는 그 옛날에 대학원까지 졸업한 재원이었고, 서울에서 중학교 교사를 하며 딸 셋을 낳고 키웠어요. 그러다가 아빠가 광주로 직장을 옮기면서 서른세 살에 교사를 그만두었죠. 아빠가 외아들이라 반드시 아들이 있어야 한다고 생각했던 엄마는 광주에서 결국 꿈을 이루었어요. 서른일곱에 남동생을 출산하고 4남매를 키우기 위해 전업주부가 되었어요. 아마도 쉽지 않은 결정이었을 거예요. 하지만 할아버지도 모셔야 하고, 갓난아이를 포함해 4남매를 키워야 하는 상황에서 엄마가 다시 직장을 갖기는 어려웠겠죠. 엄마는 자식들을 좋은 대학에 보내는 것으로, 가족을 위해 희생한 삶에 대한 보상을 원했던 것 같아요. 제가 연세대에 합격해서 그나마 엄마의 기대에 부응했지만, 그래도 서울로 대학을 보내느라 어린 딸과 헤어지기는 싫었던 거죠.

그랬던 엄마가 제가 서울에 온 후에는 왜 '방치'를 했냐고요? 그부분이 저 역시도 가장 맞추기 어려운 조각이었어요. 제가 맞춘 퍼즐은 이런 모양입니다. 엄마는 제가 떠난 후에도 할아버지, 아빠, 언니둘, 남동생까지 다섯 식구를 돌봐야 했어요. 생활이 불규칙한 할아버지와 아빠는 수시로 밥을 차려 달라고 했고, 엄마는 언제 밥을 차려야 할지 모르니 시장도 편하게 다녀오지를 못했어요. 대학에 다니는 딸이 둘이나 있었지만, "시집가면 다 할 테니까 엄마가 할게."라고 말하며 집안일을 시키지도 않았어요. 오히려 아침마다 깨워 주고 도시락까지 싸 줬죠. 금지옥엽 늦둥이 남동생은 겨우 중학생이었고요. 엄마가 다섯 식구를 두고 저 하나 돌보러 서울에 오지 못하는 상황이었던 거예요. 그렇더라도 전화는 할 수 있는 거 아니냐고요? 여기가 엄마의 특이함이 빛을 발하는 부분입니다. 엄마는 전화를 걸거나 찾아오는 것이 혼자 서울에서 공부하고, 생활비와 학비를 벌고, 친구들을 만나느라 정신없는 저에게 '방해'가 된다고 생각하는 분이었거든요. 자신의 돌봄이 딸에게 '방해'가 된다고 생각하는 엄마가 세상에 과연 몇이나 있겠어요. 그래서 저도 엄마가 그렇게 행동하는 이유를 파악하기 어려웠던 거고요.

이렇게 이유를 살피고 나니, 엄마의 행동은 다른 사람들이 봤을 때는 명백한 '방치'지만, 엄마로서는 '배려'였다는 사실을 알게 되었어요. 엄마는 그야말로 무소식이 희소식이라고 생각하면서 제가 궁금하고 보고 싶어도 꾹 참았던 겁니다.

한편으로 저 역시 엄마의 태도에 영향을 미쳤다고 생각해요. 자기 자신은 없이 가족을 위해 희생하면서 사는 엄마가 고마우면서도 굉장히 불만스러웠거든요. 원래 전화 통화를 별로 좋아하지 않는 성격인데다, 어쩌다 한번 엄마에게 전화를 하면 "바쁘지? 목소리 들었으니까 됐다. 엄마가 시간 뺏어 미안하다. 바쁠 텐데 얼른 끊을게." 하면서 무슨 죄지은 사람처럼 서둘러 끊어 버리는 모습이 싫었어요. 그래서 엄마에게 전화를 자주 하지 않았죠. 엄마가 그렇게 행동하는 이유가 궁금하고 그런 행동이 이해가 안 됐지만, 엄마의 삶에 관여하고 싶지도 않았고 고집스러운 엄마를 바꿀 엄두도 나지 않았어요. 엄마에게 신경 쓸 시간도 마음의 여유도 없었던 것이죠. 인정하고 싶지 않지만, 어쩌면 엄마 생각대로 엄마가 정말 '방해'가 된다고 여기고 있었는지도 모르겠어요.

저는 오랫동안 퍼즐을 맞추면서 이렇게 생각하게 되었답니다. '엄마의 개인적 성향, 우리 집에서 엄마의 역할, '엄마'에 대한 사회의 이미지에 부응하려는 엄마의 노력, 그리고 엄마에 대한 나의 반응이 상호작용하면서 엄마와 나의 특이한 관계가 만들어졌다.'

저를 비롯해 주위 사람들을 봐도 그렇고, 수많은 문학 작품과 드라마와 영화를 봐도 그렇고, 대부분의 사람들이 엄마에게 느끼는 감정은 '애증'인 것 같아요. 사랑하는데 미운 모순적인 감정이죠. 엄마는 날 사랑하는 것 같기도 하고 아닌 것 같기도 하고, 최고의 엄마인 것 같기도 하고 나쁜 엄마인 것 같기도 하고……. 그래서 누구나 어렸을 적에 '엄마는 분명히 새엄마일 거야. 친엄마라면 도저히 나한테 이럴 수가 없어. 내일 당장 친엄마를 찾으러 갈 거야!'라는 생각을 한 번쯤은 해 보는 거겠죠. 그러다가 언제 그랬냐는 듯이 '역시 엄마가 제일이야. 내 마음을 찰떡같이 알아주는 사람은, 나를 사랑하고 걱정해 주는 사람은 엄마밖에 없어.'라고 생각했을 테고요. 그러고선 엄마의 사랑을 의심하고 엄마를 미워했던 자신에게 죄책감을 느끼기도 하고 말이에요.

　저는 엄마에게 느끼는 애증이 굉장히 자연스러운 감정이라고 생각해요. 하지만 여러분에게 꼭 당부하고 싶은 말이 있어요. 애증은 자연스러운 감정이지만, 그것이 당연한 관계로 고착되지 않으면 좋겠어요. 제가 엄마에게 애증을 가지고 있으면서도 그것에 대해 엄마와 소통하지 않았던 것처럼 말이에요. 저는 십대 시절에 너무 당연하고 자연스럽게 엄마를 '나를 위해 살아야 하는 존재'로 취급했던 것 같아요. 엄마가 나에게 얼마나 헌신하는지, 내가 원하는 걸 얼마나 해 주는지 따위에만 신경 썼을 뿐, 엄마가 왜 저런 언행을 하는지, 엄마는 오늘 하루를 어떻게 보냈는지, 엄마의 어린 시절은 어땠는지, 엄마는 행복한지 등등에 대해서는 전혀 관심이 없었어요. 엄마가 나의 기대를 충족시켜 주지 못하는 것에 대해 마음속으로 신경질만 내고 있었죠. 또 엄마와 따로 살게 된 스무 살부터는 나 사느라 바빠서 엄마에게 무관심했고요. 엄마는 내가 소홀해도 언제나 나를 사랑해 줄 것이라고 생각해서 항상 제일 뒷전이었죠.

저는 엄마를 정말로 사랑하면서도 엄마와 소통도 하지 않고 엄마를 이해하려고 하지도 않았던 제 자신이 후회스럽고 마음이 무척 아파요. 가족과의 관계는 오랜 시간에 걸쳐 형성되기 때문에 일단 관계가 굳어지면 좀처럼 바뀌기 어려운 것 같아요. 여러분은 저 같은 후회를 하지 않으면 좋겠어요. 『우리 엄마는 왜?』를 읽으면서 '나' 중심적인 엄마와의 관계에서 한 발짝 나와서 엄마를 엄마 자신, 가족, 그리고 사회와 연관 지어 생각해 보기를 바랄게요. 그렇게 하면 아마도 제가 그랬던 것처럼 여러분도 엄마라는 퍼즐을 조금씩 맞출 수 있을 거예요.

2013년 5월

김고연주

이 책은 자신의 엄마에 대해 이야기해 준 친구들 덕분에 쓸 수 있었습니다. 인터뷰 주제가 주제인 만큼 엄마를 통하지 않고 과외 선생님이나 또래 친구에게 소개받는 방식으로 섭외한 친구들입니다. 인터뷰를 한다는 사실도, 끝나기 전까지는 엄마에게 알리지 않도록 당부했어요. 친구들이 자유롭고 솔직하게 이야기할 수 있도록 하기 위해서였답니다. 인터뷰는 2011년 말에 진행했습니다. 이름은 모두 가명이고, 인터뷰 당시의 나이와 학년을 기재했습니다.

:: 가영(15)

중학교 2학년. 경찰관인 아빠, 하루 종일 아르바이트를 하는 엄마, 언니 둘, 동생 둘과 함께 살고 있습니다. 가정 형편이 어려운 데다 빚까지 지게 되어서 엄마가 본격적으로 일을 시작한 후 가영이가 집안일을 도맡게 되었습니다. 언니들은 공부하느라 바쁘고 동생들은 어리다는 이유에서였답니다. 일곱 식구의 집안일을 하는 게 힘들어 엄마가 일을 줄이기를 바라고 있습니다.

:: 경미(19)

고등학교 3학년. 건설업에 종사하는 아빠, 주부인 엄마, 대학생인 언니, 중학생인 남동생과 살고 있습니다. 남매들 중에 가장 똑똑해 큰 기대를 받았지만, 중학생 때 자신이 성 소수자라는 사실을 알게 된 후 가족들과 엄청난 갈등을 겪게 되었습니다. 특히 엄마는 큰 충격을 받았답니다. 가출을 반복하다가 독립한 후, 딸을 이해하려는 엄마의 노력으로 관계가 개선되었습니다.

:: 민우(15)

중학교 2학년. 회사원인 아버지, 주부인 엄마, 여동생과 살고 있고, 네 살 때부터 아역 배우로 활동하고 있습니다. 민우는 자신이 배우로 데뷔하고 지금까지 활동하는 것이 모두 엄마 덕분이라고 생각합니다. 엄마는 민우의 매니저를 하다가 민우가 아홉 살 때 동생을 임신하면서 매니저를 그만두고 주부가 되었습니다. 민우는 동생이 조금 크면 엄마가 엄마 자신을 위해 시간을 보낼 수 있기를 바라고 있습니다.

:: 수현(18)

고등학교 2학년. 지현이의 오빠입니다. 일하느라 바쁜 엄마가 자신에게 무관심한 것 같아 불만이 많습니다. 대학 입시 중심의 고등학교 생활을 견디기 어려워 자퇴하려고 했을 때 한사코 만류하던 엄마가 세속적으로 보였답니다. 속물적인 엄마보다는 상대적으로 자유롭게 사는 아빠를 존경합니다.

:: 영찬(16)

중학교 3학년. 목사인 아버지, 교사였다가 사모가 된 엄마, 대학생인 형이랑 함께 살고 있습니다. 어렸을 때 엄마가 잘 때마다 영어 테이프를 틀어 놓곤 해서 트라우마가 됐답니다. 엄마는 사모가 된 후 바깥 일이 많아져 간섭이 줄었지만, 아빠의 간섭은 여전합니다. 형처럼 서울에 있는 대학에 진학하고 싶지만 자신이 없습니다.

:: 은주(17)

고등학교 1학년. 세 살 때 부모님이 이혼한 후 엄마, 재수생인 언니와 살고 있습

니다. 학교에서 말썽을 피워 경찰서에 간 적도 있습니다. 엄마 때문이 아닌데, 엄마가 전부 자기 때문이라고 할 때마다 미안해서 눈물이 난답니다. 두 딸들이 부족함을 느끼지 않도록 성실하고 검소하게 생활하는 엄마를 존경합니다.

:: 정은(17)

고등학교 1학년. 초등학교 1학년 때 부모님이 이혼한 후 엄마와 둘이 살고 있습니다. 싱글맘으로 너무나 힘들게 사는 엄마가 안쓰럽고, 엄마처럼 살고 싶지 않다는 다짐을 하곤 합니다. 밖에서 힘든 일이 있을 때마다 자신에게 짜증을 내는 엄마 때문에 자주 울기도 합니다. 공사장에 간식 배달을 하는 엄마를 도우며 엄마를 좀 더 이해하게 되었답니다.

:: 주원(19)

고등학교 3학년. 친할머니, 설계사인 아버지, 경리로 일하는 엄마, 중학생인 여동생과 살고 있습니다. 주원이가 초등학생 때 엄마가 일을 시작하면서 자유를 만끽하고 있습니다. 명문대 진학이라는 목표가 있었지만, 웬만해서는 성공하기 힘들다는 사실을 깨닫고 자신이 원하는 길을 선택했습니다. 학벌에 대해 여전히 미련을 버리지 못하는 엄마가 답답하기도 하고 안쓰럽기도 합니다.

:: 준서(16)

중학교 3학년. 친할머니, 금융업에 종사하는 부모님, 삼촌, 초등학생인 여동생과 살고 있습니다. 자신을 8학군에서 교육시키기 위해 전세를 전전하는 부모님에게 감사하고 죄송한 마음입니다. 엄마가 일하기 때문에 한 달에 200만원에 달하는 자신과 여동생의 학원비를 낼 수 있다는 사실을 잘 알고 있습니다. 엄마의 사랑에 보답하기 위해 좋은 대학에 진학하는 게 목표랍니다.

:: 지수(17)

고등학교 1학년. 택시 기사인 아빠, 교회에서 행정 업무를 보는 엄마, 대학생 오빠와 함께 살고 있습니다. 성격이 섬세하지만 간섭이 심한 아빠와 달리 지수를 잘 믿어 주는 엄마가 편합니다. 지수가 화장을 하는 것을 반대했던 엄마가 화장을 허락해 주면서 사이가 더 좋아졌습니다. 나이가 들수록 엄마가 친구처럼 느껴진답니다.

:: 지현(15)

중학교 2학년. 수현이의 여동생입니다. 친할머니, 직업이 자주 바뀌는 아빠, 전문직으로 일하는 엄마, 고등학생인 오빠, 삼촌과 살고 있습니다. 초등학생 때는 엄마가 학교에 잘 오지 못하는 것에 주눅이 들기도 했지만 씩씩하게 생활하려고 노력했습니다. 엄마가 바빠도 다른 가족들과 친구들, 그리고 햄스터와 토끼가 있어 시간 가는 줄 모른답니다.

:: 태민(16)

중학교 3학년. 가게를 하는 아빠, 공부방을 운영하는 엄마, 작은누나와 살고 있습니다. 큰누나는 1년 전에 결혼했습니다. 아빠를 싫어하진 않지만 아빠와는 할 말이 없어서 거의 대화를 하지 않습니다. 보험 설계사였던 엄마가 자신의 꿈이었던 교사가 되는 과정을 지켜보며 대단하다고 생각했습니다. 바쁜 엄마 대신 큰누나가 실질적으로 키워 주었지만, 요즘엔 좋은 대학에 진학한 큰누나와의 비교 때문에 스트레스가 많습니다.

:: 혜진(16)

중학교 3학년. 여덟 살 때 아빠가 돌아가신 후 외할머니, 엄마, 언니 둘, 쌍둥이 동생과 함께 살고 있습니다. 여러 개의 과외와 학원 수업을 받고 있지만 친구들에 비해서는 적은 편이랍니다. 엄마가 스스로를 위해 시간과 돈을 많이 쓰기 때문에 혜진이의 성적에도 덜 연연한다고 생각합니다. 그렇게 사는 엄마가 멋져 보이고 나중에 엄마처럼 살고 싶답니다.

✻ 차례

1장

매니저
엄마

1

엄마는 공부하란 말밖에 몰라

*

매니저 엄마의 등장

퀴즈를 하나 낼게요. 강남의 한 카페에서 원어민 선생님과 열심히 영어 공부를 하는 사람들이 있습니다. 원어민 선생님과 책을 함께 읽으며 어려운 영어 단어나 표현을 물어보기도 하고 발음 교정도 받습니다. 때로는 웃음꽃도 피우고 수다도 떨지만 태도는 사뭇 진지합니다. 무얼 하는 사람들일까요? 취직이나 유학을 준비 중인 대학생? 승진을 대비하는 직장인? 정답은 바로 '엄마들'입니다.

학생도 직장인도 아닌 엄마들이 누가 시키지도 않은 영어 공부를 하는 이유는 무엇일까요? 물론 자기 계발을 통한 자기만족도 하나의 이유겠지만, 무엇보다 아이의 학습을 돕기 위해서입니다. 아이가 학교나 학원 수업을 따라가지 못하거나 어려운 부분을 물어볼 때를 대

비해 공부하고 있는 것이지요. 또 학원의 원어민 선생님과 상담하기 위해서도 영어 회화 공부가 필요합니다.

엄마들은 영어 공부를 하면서 학교 수업이 끝나기를 기다립니다. 아이가 나오자 바로 자동차에 태우고 학원으로 향합니다. 아이는 차 안에서 김밥이나 피자로 식사를 해결합니다. 이 학원 저 학원으로 이동하는 동안 잠깐 눈을 붙이기도 하죠. 그래서 자동차에는 아이스박스, 목베개, 담요, 빵, 음료가 구비되어 있습니다. 자동차가 제2의 집인 셈이지요.

엄마는 아이를 학원에 데려다 준 후 다시 수업이 끝나기를 기다리면서 학교와 학원 과제, 준비물, 수행평가 내용, 알림장 등을 살핍니다. 또 복잡한 데다 번번이 바뀌기까지 하는 입시 제도에 능통하기 위해 다른 엄마들과 모임을 만들어 정보를 공유합니다. 담임 선생님을 비롯해 각 과목 선생님들의 성향을 파악하고, 어느 학원이 잘 가르치는지 정보를 섭렵하는 것도 매우 중요합니다. 물론 유수 대학의 입시 설명회에도 빠지지 않고 참석합니다.

이렇게 많은 정보들을 얻으면서 엄마들은 '교육 전문가' 뺨칠 정도의 전문 지식을 갖게 됩니다. 이를 바탕으로 아이의 하루 일과뿐 아니라 학기, 방학, 학년에 맞춰 세세한 계획을 세웁니다. 학기 중에는 학교 수업과 학원, 과외를 병행시키다가, 방학 중에는 아이가 상대적으로 취약한 과목의 성적을 올리기 위해 전문 입시 학원에 보내거나 고

학원
English
수학
SKY
수리
논리
영어
논술
최면집중력강화
강남어학원
미술
중국어
English
Chinese
선행학습
자기주도형학습
대입준비
수능갈무리
한문
영어학원
피아노
아카데미
학원
영어
EDU

액 과외를 시키고, 봉사 활동과 각종 경시대회에 참가시켜 대학 진학에 유리한 스펙을 쌓도록 하는 것입니다. 이러한 엄마들은 마치 연예인을 관리하는 매니저 같다는 의미로 '매니저 엄마'라고 불립니다.

*

강남 8학군 아이의 꿈

　매니저 엄마는 최근에 등장한 현상이 아니에요. 매니저 엄마의 기원은 '강남 엄마'입니다. 강남 엄마는 1970년대 강남 개발과 맞물려 나타났습니다. 당시 정부는 강남 개발의 일환으로 전통적인 명문 고등학교들을 강남으로 이전시켰습니다. '강남 8학군'이라는 말은 이때 생겨났어요. 또한 강남에 땅을 사서 주택 등의 건물을 지으면 이후 그 건물을 팔 때에도 각종 세금을 면제해 주었죠. 여윳돈이 있던 사람들은 강남에 있는 땅과 건물에 투자했습니다. 이런 강남 개발의 결과 1963년부터 1979년까지 16년 동안 강남구의 땅값은 학동이 1,333배, 압구정동이 875배, 신사동이 1,000배나 올랐습니다. 자식을 명문 고등학교에서 교육시키기 위해, 또는 주택 소유의 혜택을 받기 위해 강남으로 이사를 간 사람들은 원래도 경제적인 여유가 있었겠지만, 집값 상승으로 순식간에 엄청난 차익을 얻게 되었어요.

　강남 엄마들은 가정의 재력을 바탕으로 자녀 교육에 정성을 쏟았습

28

니다. 당시 중고등학교의 한 학급 학생 수가 70명에 육박했기 때문에 엄마들은 자기 아이를 잘 봐 달라고 담임 선생님에게 촌지를 주곤 했어요. 또한 다른 아이들보다 공부를 더 시키겠다고 학원에 보내고 과외를 시켰죠. 강남 대치동을 중심으로 이루어지는 사교육이 사회 문제가 되자 입시에서 내신이 강화되었어요. 그랬더니 엄마들은 학교 성적을 잘 달라고 또 담임 선생님을 찾아가 촌지를 주었죠. 이렇게 일부 엄마들이 아이의 성적을 위해 집과 학교와 학원을 정신없이 왔다 갔다 하는 모습을 '치맛바람을 일으킨다'고들 하지요. 사실 치맛바람을 일으키는 엄마들은 강남 지역에만 한정되지 않았어요. 촌지를 예로 들어 본다면, 옳지 않은 행동이라고 생각하면서도 자기 아이가 미움을 받을까 봐 할 수 없이 촌지를 내는 엄마들이 적지 않았고, 노골적으로 촌지를 요구하는 선생님들도 많았으니까요.

이렇게 촌지, 학원, 과외가 일반화된 상황에서도 강남에 위치한 명문고 출신들이 소위 SKY 대학 합격생의 상당수를 차지했어요. 얼마나 더 양질의 투자를 하느냐에 따라 입시 결과가 판가름 났죠. 이런 현실에서 유난히 교육열이 강한 한국 엄마들은 너도나도 강남으로 이사를 오고 싶어 했습니다. 형편이 안 되지만 빚을 내서라도 강남에서 교육을 시키고 싶어 하는 사람들이 많기 때문에 집값은 더 오르는 악순환이 반복되고 있답니다.

금융업에 종사하는 준서의 부모님도 교육 때문에 강남 8학군으로 이사를 왔다고 해요. 준서는 애초에 논현동에서 태어났지만, 초등학교 때 대치동으로 이사 온 이후로 계속 이사를 다니면서 8학군 지역에 살고 있대요. 준서네가 이사를 다닌 이유는 전셋값이 계속 올랐기 때문이에요. 얼마 전에 8학군 주변인 세곡동에 장기 전세 주택이 당첨됐지만, 부모님은 교육을 위해 8학군을 고집해서 강남에서 전세를 살고 있다고 해요.

준서　　요번에 세곡동에 장기 전세 주택 됐거든요. 거기가 집이 되게 좋아요. 뒤에 산도 있고 되게 좋은데, 거긴 학원도 없고 교육적으로는 여기가 훨씬 더 낫잖아요. 그래서 엄마 아빠가 여기를 선택하신 거 같아요, 비싸도. 마음 놓고 거기 들어갈 수 있는 건데, 저희가 공부해야 되니까, 세곡동은 지금 전세로 놓고 여기서 살고 있어요. 여긴 또 전세. 솔직히 저는 거기로 가길 원했어요. 뭐, 맘만 먹으면 버스 타고 여기 학원 다닐 수 있는 거고. 학원 좀 멀리서 오는 애들도 있으니까. 그런데 엄마가 저희 생각하신 거죠.

Q　　그러면 엄마한테 고맙다고 생각하는 거예요?

준서　　음……. 고마운 감도 있지만 저는 솔직히 세곡동 가고 싶어요. 집이 당첨됐는데 안 가면 아깝잖아요. 거기 집도 좋고. 그리고 거기는 30년인가 20년 동안 집 걱정 없이 살 수 있는 거잖아요. 그러니까 그것도 내가 생각하기에 좋은 것 같고.

준서는 전셋값 때문에 매번 이사를 다니는 것보다 8학군에서 조금 멀어지더라도 좋은 집에서 안정적으로 사는 게 더 현명하다고 생각했지만, 엄마 아빠는 생각이 달랐습니다. 부모님에게는 좋은 집이나 안정보다 준서와 여동생의 교육이 더 중요했던 것이지요.

*

아이의 교육을 위해서라면

이렇게 교육 환경이 좋은 곳으로 이사를 하는 엄마들의 모습은 옛날 중국에서도 찾아볼 수 있습니다. '맹모삼천지교'(孟母三遷之敎)라고 들어 봤지요? 중국 한나라 시대의 책인 『열녀전』에 실려 있는 이야기입니다. 추나라에서 태어난 맹자는 어렸을 때 아버지가 돌아가시고 어머니가 홀로 키웠대요. 처음엔 공동묘지 근처에서 살았는데 어린 맹자가 장례 흉내를 내며 놀더래요. 맹자 어머니는 안 되겠다 싶어 시장 근처로 이사를 갔더니 이번엔 맹자가 장사꾼 흉내를 내더래요. 그래서 곰곰 생각한 끝에 글방 주위로 이사를 했고, 맹자는 책 읽는 흉내를 내며 놀게 되었대요. 그 덕에 맹자가 훗날 공자에 버금가는 철학자가 될 수 있었다는 내용입니다. 이 이야기는 환경이 아이들 교육에 얼마나 큰 영향을 미치는지를 잘 보여 줍니다.

그런데 우리 사회에서는 이야기의 취지가 왜곡돼 자녀 교육을 위한 부모의 집념을 정당화하는 데 이용되고 있어요. 학교를 좋은 학교와 나쁜 학교로 나누고, 좋은 학교가 있는 지역으로 무리해서 이사하는 행동을 합리화하는 것이지요. 그래서 강남으로 위장 전입하는 사례가 비일비재합니다. 거주지를 실제로 옮기지 않고 주민 등록상 주소만 바꾸는 거죠. 위장 전입은 명백한 불법이지만 발각된 사람들은 앵무새처럼 '아이의 교육을 위해서'라고 변명하고 있어요. 맹자 어머니가 말하는 '좋은 교육 환경'이 SKY 대학에 많은 학생을 보내는 학교가 위치한 지역은 아니었을 텐데 말이죠.

영어 때문에 미치는 줄 알았네

최근에는 위장 전입뿐 아니라 기러기 아빠, 원정 출산도 급증하고 있는데요. 이러한 현상은 우리 사회에서 '영어'가 무엇보다 중요하기 때문입니다. 글로벌 시대에 영어를 잘 구사하는 능력이 생존에 큰 영향을 미치게 되면서 너도나도 영어를 잘하기 위해 많은 노력을 하고 있어요. 영어 성적만 좋으면 특기자로 대학에 쉽게 입학할 수 있고, 대학에 다닐 동안 어학연수를 다녀와야 취직에 유리해집니다. 구직할 때는 기본적으로 토익 등의 영어 성적을 제출해야 할 뿐 아니라 연봉 인상과 승진에서도 영어 능력이 주요한 기준이 되고 있죠.

이렇다 보니 언어의 특성상 어렸을 때부터 접하는 것이 영어 습득에 유리하다고 생각하는 엄마들은 아이를 영어권 학교에 보내기 위해 무리를 해서라도 원정 출산을 하거나 유학을 보냅니다. 도저히 형편이 안 되거나 어린아이를 유학 보내기가 걱정스러운 엄마들은 영어 유치원이나 학원에 보내고요. 한국개발연구원이 2012년 6월에 조사한 바에 따르면 학생들의 영어 능력은 잘사는 가정일수록 좋은 것으로 나타났다고 합니다. 그 원인은 영어 사교육 현황에서 확인되었는데요. 강남 어린이 가운데 24.6%가 영어 유치원에 다녔지만, 비강남권에서는 불과 1.1%의 어린이들만 영어 유치원에 다닌 것으로 조사

됐다고 합니다. 강남 어린이들은 비강남 어린이들에 비해 20배 넘는 비율로 조기 영어 교육을 받고 있는 것입니다. 현실이 이렇기 때문에 영어에 대한 엄마들의 걱정은 깊어지기만 합니다. 돈이 없어서 유학도 못 보내고 영어 사교육도 시키지 못하는 엄마들은 어떻게 해서든 아이들이 영어에 친숙해질 수 있는 환경을 조성하려고 합니다.

영찬이도 비슷한 경험이 있었다고 해요. 목사인 아빠와 사모인 엄마는 영찬이보다 네 살 많은 형의 공부에 온 신경을 쏟았대요. 엄마가 매일 밤 영어 테이프를 틀어 놓는 통에 형과 방을 함께 썼던 영찬이도 덩달아 영어를 들어야 했다네요.

영찬   형이랑 같이 잤거든요, 어렸을 때는. 그때쯤에는. 그런데 밤에 잘 때 진짜, 카세트가 있잖아요? 밤에 잘 때 카세트를 틀어 놔요. 영어 테이프를 틀어요. 아니 그럼 밤에 잘 때 뭔 말인지 졸리니까 시끄럽기만 하고 진짜 아, 미치는 줄 알았어요.

Q   괴로웠겠다.

영찬   아, 진짜 잘 때 시끄러워 가지고 매일매일 끄고……. 아― 정말 그때 스트레스 받아 가지고.

Q   그럼 영찬이가 끄려면 언제쯤 끌 수 있었어요?

영찬   아이, 그냥 껐어요, 엄마 나가면 바로. 엄마 들어오면 또 켜고 막(웃음).

Q   엄마가 왜 끄냐고 뭐라고 했어요?

영찬　　아, 진짜 시끄럽다고 했는데 엄마가 말 안 들어요. 시끄러워서 잠 안 온 다고 전혀 쓸모없다고 해도.

Q　　아…… 그렇게 얘기해도 그냥 무시하고?

영찬　　네. 아, 근데 엄마도 그냥 튼 것 같아요, 좀……. 그러고 나서 포기했던 것 같아요. 언젠가, 언젠가부터 안 틀었거든요.

Q　　되게 좋았겠네요?

영찬　　아, 근데 그게 보통이잖아요, 원래. 그게 정상인 거잖아요. 그러니까 그 렇게 좋을 것도 없죠. 원래 정상인데. 그게 정상으로 돌아간 거잖아요.

　무슨 말인지 들리지도 않아서 시끄럽기만 한 영어 테이프를 들으면서 자야 했던 영찬이는 '미치는 줄 알았다'고 합니다. 엄마는 형과 영찬이가 영어에 익숙해지기를 바라면서 영어 테이프를 틀었지만 영찬이는 엄마의 그런 행동을 '비정상'으로 느꼈어요. 영찬이에게는 엄마의 욕심에서 비롯된 '고문'과 다르지 않았던 것입니다. 영찬이는 언젠가부터 엄마가 영어 테이프를 틀지 않은 이유가, 그렇게 영어를 들어도 쓸모가 없다는 사실을 엄마도 알았기 때문이라고 생각하고 있습니다.

2

날 위한다지만 엄마 만족일지도 몰라

*

돌이킬 수 없는 엄마의 폭력성

2010년, 스토리온에서는 『엄마, 영어에 미치다』라는 프로그램을 방영했습니다. 7회에서는 영어 강사 출신 엄마와 일곱 살짜리 딸의 사연이 소개되었어요. 엄마는 딸의 영어 발음이 좋지 않다는 이유로 설소대 수술을 시켰답니다. 혀 아래, 입과 혀를 이어 주는 설소대를 잘라 혀를 길게 만들어 준 거예요. 하지만 수술 후에도 발음이 좋아지기는커녕 오히려 다른 아이들보다 좋지 않자, 엄마는 혀가 힘이 약해서 그렇다며 접시에 잼을 발라서 딸에게 핥게 하는 방법을 쓰고 있었어요. 이 프로그램을 본 많은 시청자들이 엄마가 딸에게 가하는 폭력에 충격을 받았지만, 정작 엄마는 딸의 영어 발음을 개선하는 데 여념이 없었답니다. 이 프로그램은 이듬해에 시즌 2가 제작되어 방송되었습니다.

　이렇게 교육에 대한 엄마의 지대한 관심과 개입은 가끔 폭력적인 방식으로 나타나기도 합니다. 2011년 말에 우리 사회를 발칵 뒤집어 놓았던 사건도 이런 폭력의 결과였지요. 이혼을 하고 혼자 아들을 기르던 엄마는 '이혼이 아이에게 좋지 않은 영향을 미쳤다'는 수군거림을 들을까 봐 걱정이 됐는지, 반에서 3등 안에 들 정도로 성적이 우수한 고3 아들에게 공부를 강요했다고 합니다. '전국 1등을 해야 한다', '서울대 법대를 가야 한다'고 다그치면서 잠을 못 자게 하고 야구 방망이, 골프채 등으로 폭행했답니다. 아들은 폭행을 더 이상 참지 못하고 엄마를 살해한 뒤 안방 문을 공업용 본드로 밀봉한 채 8개월 동안 사체를 방치하다가 아버지의 신고로 발각되었습니다.

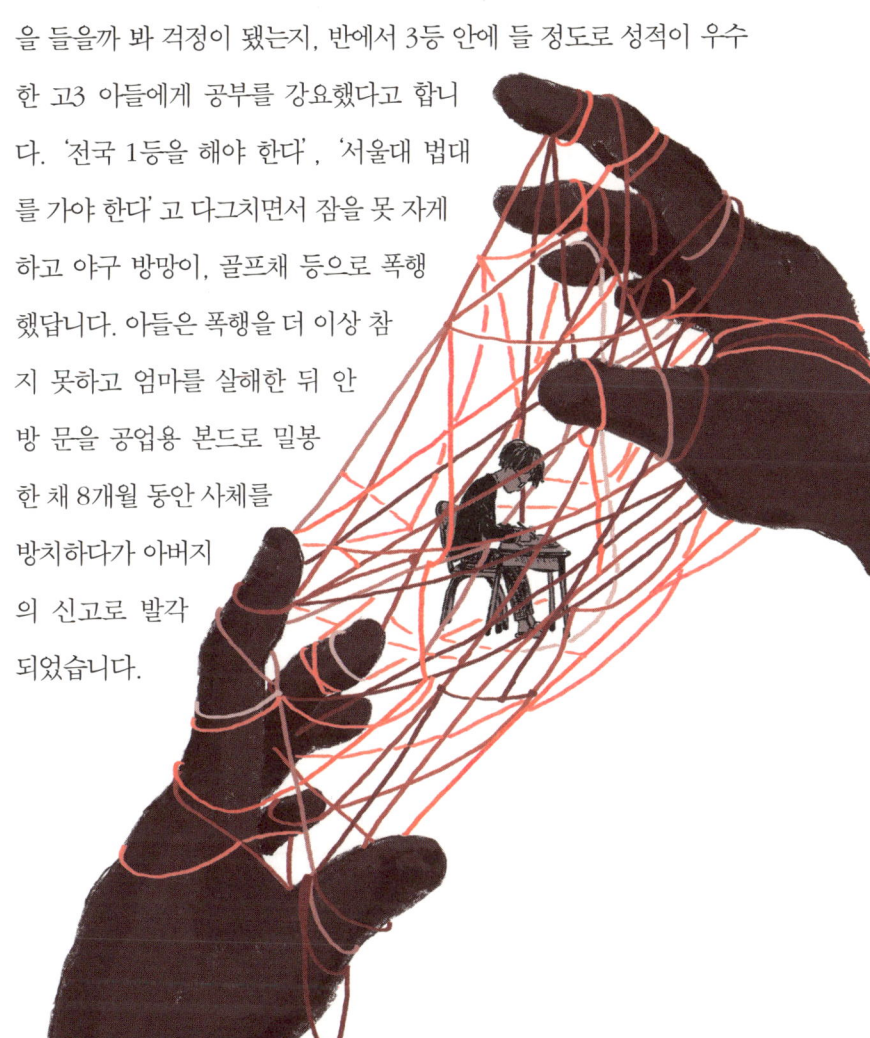

이처럼 엄마가 아이에게 극단적인 폭력을 행사하는 경우는 드물지만, 이러한 사건이 일어나는 이유 중 하나는 엄마가 아이를 자신의 분신이나 소유물로 생각하기 때문입니다. 엄마와 아이는 생물학적뿐만 아니라 사회적으로도 긴밀한 관계를 맺고 있습니다. 9개월의 임신 기간을 거쳐 찢어지는 고통을 겪으며 출산을 한 후에도 엄마가 대부분 양육을 전담하지요. 엄마는 자신에게 생존을 의탁한 갓난아기를 쥐면 꺼질세라 불면 날아갈세라 키웁니다. 엄청난 인내와 희생이 요구되는 양육을 하면서 자신이 아이에게 헌신한 만큼 보상을 바라게 되는 경우도 많습니다. 특히 아이한테 자신을 닮은 구석을 발견하면서 자신이 이루지 못한 꿈을 대신 이루어 주기를 바라기도 하죠. 엄마들은 대체로 사회적인 성취를 실현할 기회를 갖지 못했으니까요.

이런 여러 가지 이유로 인해 아이의 삶을 엄마가 '디자인' 하다 보면 아이는 엄마로부터 독립된 존재가 되기 어렵습니다. 누구보다 아이를 사랑하고 아이를 잘 알고 있으며 자신의 행동은 궁극적으로 아이의 행복을 위해서라는 믿음이 자칫하면 일방적인 강요와 폭력으로 발현될 수 있습니다. 영어 발음을 위해 설소대 수술을 시키고, 좋은 성적을 위해 폭행하는 모습은 자식을 자신이 원하는 대로 만들려는 엄마들의 과욕이 초래한 비극입니다.

'최신폰' 갖고 싶으면 공부해!

가끔 여러분은 좋은 성적을 거두고 좋은 대학에 진학하는 것이 자신을 위한 것인지 아니면 엄마의 만족과 체면을 위한 것인지 헷갈릴 때가 있을 거예요. 특히 엄마가 공부의 동기를 제공하겠다며 물질적인 보상을 제안할 때 더욱 혼란스럽습니다. 물론 먼 미래의 보상을 위해서 재미있는 놀 거리들을 포기하고 어렵고 힘든 공부를 하기가 쉽지 않기 때문에 눈에 보이는 즉각적인 보상으로 독려하려는 엄마의 전략이기도 하지요. 하지만 성적을 몇 등 올리면 갖고 싶은 것을 사주겠다는 제안은, 엄마가 목표로 삼은 등수가 너무 높아서 달성하기 어렵거나 제시된 물질적 보상이 별로 내키지 않는 경우 실질적인 자극이 되지 않기도 합니다. 무엇보다 여러분이 '나의 미래'를 위해서 공부를 해야 한다고 알고 있었다면 이러한 '거래'는 공부의 결과가 자신에게만 국한되지 않는다는 사실을 깨닫는 계기가 될 겁니다.

준서는 최신 핸드폰과 성적 향상을 거래하게 되어 큰 부담을 느끼고 있답니다.

준서 엄마가 막 비싸다는 거예요, 요금제도 비싸고. 진짜 그때는, 제가 아빠한테 "왜 엄마랑 상의 안 하고 혼자 결정을 해? 난 이미 애들한테 다 말했는데. 안 바꾸면 난 뭐가 돼? 완전 뭐가 되냐고?" 그랬어요. 자존심이 있잖아요. "아, 이럴 거면 안 쓸 거야. 지금 핸드폰 쓸 거야." 강하게 나갔죠. 솔직히 완전 좋은 거였다가 최신폰도 아닌 걸로 점점 내려가니까. '최신폰'이라는 게 그때 사야 의미가 있는 거잖아요. 좀, S2로 해 달라고 했어요. 엄마는 핸드폰 있으면 집중 안 된다고 걱정하셨어요. 스마트폰 있으면 할 게 많으니까. 그래서 내가 사정사정하고 엄마한테 막 문자로 온갖 편지를 다 써 가면서 "성적 떨어지면 핸드폰 압수하세요." 이런 식으로 간절히 읍소를 했죠. 굉장한 부담감이에요, 핸드폰이.

아직 스마트폰이 일상이 되기 전의 일입니다. 하루는 아빠가 요즘 고등학생들은 다 가지고 있는데 준서만 없으면 안 된다며 스마트폰을 사 주겠다고 깜짝 제안을 했대요. 스마트폰을 기대하지도 않았던 준서는 너무 신이 나서 친구들에게 새 핸드폰이 생긴다고 엄청 자랑을 했어요. 그런데 알고 보니 아빠가 엄마한테는 말도 안 한 상태였다네요. 가격이 비싸고 공부에 방해된다는 이유로 엄마가 반대를 해서 준서가 굉장히 곤란해졌답니다. 친구들의 부러움을 한 몸에 받을 수 있게 되어서 한껏 기대에 부풀어 있던 준서에게 핸드폰 등급 하락은 자존심의 하락을 뜻했지요. 결국 준서는 엄마에게 열심히 공부하겠다고 몇 번이나 다짐을 한 후에 '최신폰'을 받을 수 있었습니다. 최신 핸드폰이 좋은 성적에 대한 보상은 아니었지만, 준서는 그 대가로 성적을 유지해야 하는 '거래'를 엄마와 맺게 된 것입니다.

이처럼 핸드폰은 엄마와 여러분 사이에서 '뜨거운 감자'인 경우가 많은데요. 엄마는 핸드폰이 공부에 방해가 될까 봐 전전긍긍합니다. 하지만 여러분에게 핸드폰은 친구들과 연락을 주고받고 유행을 따르기 위한 필수품이죠. 공부에 방해가 될 만한 것들을 차단하는 게 자신의 역할이라고 생각하는 엄마와, 공부 외에도 자신의 삶이 있다고 생각하는 여러분은 핸드폰을 사이에 두고 날선 협상을 하곤 합니다. 인터넷 사용이나 티비 시청도 엄마의 제재 대상이지만, 핸드폰은 '사적인 매체'이기 때문에 두 사람 모두 더 양보할 수 없는 것이죠.

준서의 경우 성적이 떨어지면 핸드폰을 반납하는 것으로 어렵게 타협이 성사됐지만, 좀처럼 타협이 어려운 사안도 있습니다. 바로 학교 교육에 대한 견해 차이입니다.

*

고등학교도 안 나와서 어쩌려고!

수현   고등학교가 군대적인 분위기였어요. 원래 고등학교가 다 그렇다면서요, 그죠? 그렇다면 어쩔 수 없겠지만. 중학교에 비하자면 수업하는 것도 너무, 솔직히 책 보고 외우는 식인 거 같아서 싫었고, 애들도 다들 이상하고. 마음에 드는 게 없었어요. 하아ー 선생님들은 학생들을 너무 막, 개념 없이 다뤄서 처음엔 되게 놀랐어요. 어, 그냥 막 솔직히 군대보다 더한 거 같아요, 그죠? 요즘 군대 안 그렇다는데. 애들 막 엄청, 완전 인격을 존중해 주지 않았어요. 또 막, 음, 이렇게 대충 수업하면서, 막 빨리 수업하면서 제대로 안 듣는 애들 '틱틱틱' 빼 가지고, 음, 완전 쓰레기 취급 했어요.

Q   아— 그래도 2년은 버텼네요.

수현   하아— 강제로. 원래 저는 입학하자마자 당일 날 학교 그만두고 싶다는 마음이 확 생겼는데 제대로 말 못 했어요. 그러다가 고2 올라갈 때 엄마한테 말했는데 엄마가 "조금만. 그냥 다니자, 다니자. 알아보고 있을게." 그러셨어요. ……아빠는 그런 거에 대해서 되게 관대하다고 해야 되나, 뭐라고 하죠? 처음 학교 갔을 때부터 원래 생각한 학교도 아니고 마음에 안 든다고 하니까 뭐, 거기 안 다녀도 된다는 식으로, 다른 방법을 찾자는 식으로 계속 말했는데, 엄마는 아빠한테 뭐라고 하면서 "사회는 안 그래. 고등학교는 나와야지." 막 이러고 "대학도 안 나오면 어쩔 거니?" 이런 식으로 갑자기 돌변했어요. 그래서 저는 할 말이 없었어요. 뭘 말하든 간에 결국 '너 뭘 하려고? 어떻게 할 거니?' 이럴 때 항상 말이 막혔어요. 그래서 그냥 있었어요.

Q   엄마는 왜 그런 태도를 보였을 거 같아요?

수현   아빠는 되게 자유롭게 생활하시고 그렇게 사회생활 해서 덜 반대하셨는데, 엄마는 원래 계속 공부만 하시다가 공무원도 되고 그래 가지고 고등학교 제대로 안 가면 아직까지 우리 사회의 인식이 너무 안 좋다고 생각해서 그랬던 거 같아요. 항상 그랬어요. 고등학교 안 나오면 안 된다, 사회적으로 인식이 아직 안 바뀌고 있다, 아직 네가 어려서 잘 모른다는 식으로 말했어요. 뭘 하든 고등학교는 졸업하고 봐야 한다는 식이었어요.

수현이는 고등학교에 진학한 후 중학생 때와는 전혀 달라진 학교에 적응하기 어려웠습니다. 수업은 암기 위주의 입시 준비였고, 선생님들은 학생들의 기강을 잡는 데 여념이 없었습니다. 군사 문화적인 분위기에서 인권을 존중받지 못했지만 불만을 제기하는 친구들은 없는 것 같았습니다. 선생님과 친구들 모두 '대학 진학'이라는 동일한 목표를 지니고 있었고, 친구들은 이 목표를 달성하기 위해 억압적인 분위기가 필요하다고 받아들이고 있는 듯 했죠. 수현이는 혼자서만 '비정상'이라고 느끼며 학교생활을 지속하다가 어렵게 자퇴 얘기를 꺼냈습니다. 하지만 아빠와 엄마는 태도가 달랐어요. 아빠는 수현이의 얘기에 귀를 기울이는 것 같았지만, 엄마는 단박에 부정적인 반응을 보였습니다. 수현이는 이러한 차이에 대해 아빠와 엄마가 살아온 삶이 다르기 때문이라고 생각했습니다. 아빠는 사진작가, 카페 사장 등 다양한 직업을 거치면서 비교적 자유롭게 살아왔지만, 엄마는 박사 학위를 따고 공무원으로 살고 있기 때문에 사회 규범을 중시하게 되었다는 것이죠. '우리 사회의 인식이 아직 변하지 않았다'는 엄마의 말은 수현이에게 공감이 되기보다는 '사회적인 규율에 맞춰 살아야 한다'는 말로 들렸고, 수현이는 그렇게 살고 싶지 않았습니다. 엄마는 수현이의 마음을 돌리기 위해 상담도 받게 했지만 효과가 없었어요. 결국 수현이는 자퇴를 했습니다. 엄마는 학교에서 자퇴 절차를 밟으며 선생님의 무례한 태도를 직접 경험했고, 수현이에게 자퇴하길 잘했다고 말했다고 해요. 수현이는 자퇴 후 학원에 다니며 고졸 검정고시 준비를 하고 있습니다. 학교를 자퇴하고 나니 훨씬 행복하다고 하네요.

*

왜 엄마는 대학을 중요하게 여길까

결국 마음을 돌리긴 했지만, 우리 사회의 현실이 어떻기에 엄마는 수현이의 자퇴를 그렇게 반대했을까요? 우리 부모님 세대는 대학에 진학하는 사람이 매우 적어서 고등학교를 졸업하고도 별 문제 없이 잘 살았습니다. 하지만 대학에 진학한 사람이 적었던 만큼 대졸자는 특권을 누려 사회에서 쉽게 성공했습니다. 대학 졸업 후 승승장구하는 사람들을 보며 너도나도 대학에 진학하게 되었지요. 대학 진학률은 가파르게 증가해서 현재 90%에 육박합니다. 고학력자가 너무 많아서 적소에 쓰이지 못하고 적체되는 '학력 인플레이션'이 심각한 상황입니다. 이렇게 많은 사람들이 대학에 진학하기 때문에 고등학교도 졸업하지 않으면 경쟁에서 살아남기 어려워졌습니다.

엄마는 '고등학교도 안 나오면 안 된다'며 자퇴를 반대했지만, 수현이는 자퇴 후 검정고시로 고졸 학력을 따고 가능하면 대학도 진학할 생각입니다. 다만 학교라는 제도에서 벗어나고 싶었던 것이죠. 하지만 우리 사회는 검정고시로 고졸 학력을 따는 사람들에게 심한 편견을 가지고 있습니다. 소위 '비행 청소년'이어서 퇴학을 당했거나 자퇴를 했다고 생각하는 겁니다. 물론 이런 편견은 역설적이게도 고등학교의 서열화로 인해 어느 정도 변하고 있습니다. 과학고, 외국어고, 국제고 등의 특목고와 자립형 사립고(자사고)에 다니다가 치열한 내신 경쟁을 피해 자퇴하고 검정고시를 보는 학생들이 증가하고 있는 것입니다. 이런 연유로 검정고시는 비행 청소년뿐만 아니라 공부를 잘하는 학생들도 보는 시험이 되었습니다. 하지만 수현이가 내신 등급을 올려 좋은 대학을 가려는 목적으로 자퇴하려는 게 아니기 때문에 엄마는 검정고시를 봤다는 이유로 사람들이 수현이를 안 좋게 볼까 봐 걱정했던 것입니다.

이렇게 학교가 대학 입시만을 목표로 돌진하면서 그 외의 가치들이 희생되고 있는 상황을 문제라고 생각하는 사람들이 많지만, 경쟁에서 도태될 것이라는 두려움과 별다른 대안이 보이지 않는 현실이 사람들을 입시 경쟁에 동참하게 만들고 있습니다. 더욱이 학벌 경쟁에서 살아남았을 때 주어지는 보상을 잘 알고 있는 엄마들은 아이가 좋은 대학에 가서 미래가 보장되기를 바랍니다. 학창 시절 몇 년 동안은 고생스럽더라도 좋은 대학만 들어가면 그 고생이 두고두고 보상받을 수 있다고 생각하기 때문입니다. 더욱이 너도나도 대학에 진학하고 있는 상황에서 상위권 대학의 가치는 더욱 높아졌습니다.

*

엄마가 충분히 이해는 되지만…

주원   제가 고1 때부터 사회학과 간다 그러니까 엄마는 이제 과는 낮어요. '얘가 애초에 취직 잘되는 학과를 가기는 글렀구나.' 그런 생각은 있었고. 그럼에도 불구하고 "대학을 좋은 데로 갔으면 좋겠다." 해 가지고, 뭐 수시 쓸 때 중앙대 막 그런 오르지 못할 나무 찔러 보고 그랬어요. 엄마가 계속 미련을 못 버리더라고요, 끝까지. 정시에 성공회대 써 놨는데 엄마가 그거 보시면서도 '네 꿈이라면 막을 수 없다만, 그래도 높은 데 한 군데만 써 봐라. 성공회대는 안정이니까 다른 데 써 봐라." 권유도 하고. 저희 친척 사촌들이나 엄마 친구 자식들이 학벌이 되게 좋아요. 너무 엄청난 그런 스펙이라고 할까. 그런 걸 가지고 있으니까 제가 어렸을 때 엄마가 주변을 보면서 '우리 아들도 커서 저렇게 할 수 있겠지.' 생각하고 있었는데, 제가 크면서 뚜껑 따 보니까 '아, 대학도 못 가게 생겼네.' 그런 거죠. 그것 때문에 엄마가 좀 스트레스 받았던 것 같아요. 그래서 교회 다닌 것 같고. 대학 때문에 저보다 더 스트레스 받았어요. 잠도 설친다고 그러고. 저 수시 원서 떨어질 것 알고 넣었거든요. 내신이 하도 안 좋아서 떨어질 줄 알고 넣었는데, 엄마는 발표 나기 한 시간 전부터 막 인터넷 누르고 있고. 그 정도였어요.

Q   엄마가 학벌 얘기를 자주 하시는 편이였어요, 아니면 좀 자제하시는 편

이었어요?

주원   대놓고 얘기는 안 했어요. 돌려 말하든가. 그러니까 "너는 저 사람처럼 높은 학벌을 따야 된다." 그렇게 직접적으로 말하는 게 아니라 학벌 좋은 어떤 사람 사례를 얘기하고 "참 좋겠다." 그렇게 끝을 내요. 그럼 저는 속으로 '또 시작이다.' 이러고 있고. 파악을 하죠, 뭘 말하고 싶은지. 엄마도 이제 고졸 출신으로 직장에서 몇 년 동안 일했는데, 어느 날 갑자기 학벌 엄청난 사람들이 들어오더니 들어오자마자 자기 연봉의 두 배 넘는 임금을 받고 그러니까 학벌의 중요성을 많이 느끼는 것 같더라고요. 그래서 학벌을 많이 강조했던 것 같고.

Q   엄마가 왜 그런 얘기를 하는지 이해하는 측면이 있었던 건가요?

주원   이해는 충분히 했어요. 저도 알고 있었고. 학벌이 높은 사람이 어디 가서도 유리하단 거를 알고 있어요.

주원이는 중학생 때 좋은 성적을 받기 위해 새벽까지 공부하곤 했지만, 점차 학벌에 대해 문제의식을 갖게 되었습니다. 소위 1%만 이긴다는 사회에서 상위권 아래 학벌은 별 의미가 없는 상황이고, 상위권 대학에 들어갈 수 있는 학생은 한정돼 있기 때문입니다. 상위권 대학이라는 좁은 문에 들어가기 위해서 치열한 경쟁을 해야 하고, 소수의 승자와 다수의 패자가 생겨나며, 친구들은 서로를 경쟁자로 인식하는 상황이 괴로웠던 것입니다. 월급쟁이인 아빠가 전폭적인 경제적 지원을 해 줄 수도 없고 일하는 엄마가 매니저 노릇을 해 줄 수도 없는 상황에서, 나름대로 열심히 해 봤지만 좀처럼 상위권에 들지 않는 주원이의 성적은 현실을 바라보는 눈을 길러 주었습니다.

하지만 엄마는 여전히 좋은 학벌에 대한 미련을 버리지 못했습니다. 주원이가 사회학을 전공하겠다고 결정한 후에도 엄마는 대학이라도 서열이 높은 곳에 진학하기를 바랐습니다. 고졸인 엄마는 직장에 다니면서 학벌 차별을 직접 경험했습니다. 아들이 사회에서 자신과 같은 차별을 받지 않았으면 하는 마음은 모든 엄마들의 바람이겠죠. 또한 엄마는 주위의 '엄친아', '엄친딸'들을 보면서 주원이에 대한 기대가 더욱 커졌습니다. 친구들은 만나기만 하면 자식 자랑을 하는데, 그 자랑의 내용은 '아이가 학교에서 얼마나 공부를 잘하는지'가 전부였습니다. 아이 성적이 좋지 않으면 엄마는 친구들 사이에서 주눅이 들고 속이 상했습니다. 지금처럼 경쟁이 치열하지 않고 사교육이 팽배하지 않았던 시절에는 아이 혼자 공부를 해도 좋은 성적을 받을 수 있었지만, 요즘은 엄마의 도움 없이는 좋은 성적을 받기가 매우 어렵기 때문에 '아이의 성적이 곧 엄마의 성적'인 것입니다.

주원이는 학벌 체계에서 어느 정도 자유로워졌지만, 엄마는 주원이가 좋은 대학에 진학하기를 간절히 바랐습니다. 엄마는 불안과 스트레스 그리고 간절함 때문에 주원이가 수능을 보기 98일 전부터 교회를 다니기 시작했습니다. 심리적 압박이 얼마나 컸던지 엄마는 그때부터 교회를 한 번도 빠지지 않았답니다. 주원이는 그런 엄마가 답답하다기보다는 이해가 됐습니다. 우리 사회에서 학벌이 미치는 막대한 영향력을 생각할 때 엄마가 자식의 대학 문제를 내려놓기란 쉽지 않으니까요. 주원이는 갑자기 하루도 빠지지 않고 교회에 나가는 엄마를 보면서 엄마가 하고 싶은 말이 무엇인지 충분히 짐작할 수 있었어요. 불합격을 예상하면서 수시에 지원했던 것도 엄마의 애타는 마음을 완전히 외면하기는 어려웠기 때문이었죠. 주원이의 수시 낙방은 엄마가 현실을 인정하는 계기인 동시에 주원이가 원하는 대학에 지원할 수 있는 기회가 되었습니다.

3

엄마의 잔소리에서 탈출하는 법

*

때리는 꼴은 봐도 맞는 꼴은 못 봐?

우리 사회에서 중요하다고 간주되는 좋은 학벌, 사회적 성공, 뛰어난 경제력 등의 가치들은 서로 밀접하게 연관되어 있습니다. 학벌이 좋으면 성공할 가능성도 높고, 성공은 곧 경제력을 의미합니다. 이러한 사회상의 영향으로 다른 사람들과 함께 사는 삶보다 내가 우선이고, 정신적인 가치보다 물질적인 가치를 추구하며, 사회적 성공을 지향하는 태도를 '속물적'이라고 합니다. 특히 내 아이의 행복을 무엇보다 중요히 여기고, 우리 사회의 냉정한 논리를 직접 경험해 본 엄마들은, 아이가 행복해지기 위해서 속물적인 가치를 무시할 수 없다고 믿는 경우가 많습니다. 그래서 엄마가 생각하는 행복의 길을 여러분이 잘 따라오지 않을 때 애가 탑니다.

2012년에 jtbc에서 방영한 드라마 『아내의 자격』은 강남을 중심으로 엄마들의 사교육 전쟁을 보여 주었습니다. 주인공 엄마는 아토피가 심한 아들의 건강을 가장 중요하게 생각해 자연과 더불어 아이를 키웠습니다. 엄마의 노력으로 아이가 어느 정도 건강을 회복하고 초등학교 5학년이 되자 방송 기자인 아빠는 엄마에게 이제 아이를 입시 경쟁에 합류시키라고 강요합니다. "당신이 꿈꾸는 세상은 결코 오지 않아. 지금은 전시 상황이야. 경쟁 대신 존중이 넘치는 세상은 애초부터 환상 아니니? 약육강식의 논리, 나아가서 8대 2의 법칙 벗어날 수 없어. …… 다양성의 시대니 뭐니 하지만 인간 딱 두 부류야, 갑과 을! 누구도 바꿀 수 없어. 인간 세상의 속성이야. 난 내 아들이 갑이면 좋겠거든?" 아빠의 대사는 우리 사회의 현실에 기반을 둔 부모의 마음을 잘 집어냈습니다.

여기에서 갑과 을이란 각각 고용 관계에서 고용을 하는 사람과 고용이 되는 사람을 의미합니다. 고용 계약서에서 고용하는 사람을 편의상 '갑'이라 지칭하고, 고용되는 사람을 '을'이라 지칭하는 것에서 유래했지요. 아빠가 자신의 아들이 '갑'이 되어야 한다고 강조하는 것은 '갑'과 '을'의 관계가 굉장히 권력적이기 때문입니다. 경쟁 사회에서 우월한 위치를 누리며 '갑'의 삶을 살아온 부모도, 월급 때문에 '갑'의 횡포를 참으며 납작 엎드려야 하는 '을'의 삶을 살아온 부모도 모두 자식이 '을'의 삶을 사는 것을 견디기 어려워합니다. 부모들이 자신의 아이가 때리는 꼴은 봐도 맞고 오는 꼴은 못 보는 것과 비슷한 이치죠.

이처럼 경쟁에서 승리한 사람이 모든 것을 독차지하는 승자독식의 논리가 팽배해지면서 너도나도 그 경쟁에 뛰어들고 있습니다. 경쟁에서 승리하면 경제적 여유뿐 아니라 엄청난 권력을 누릴 수 있지만, 패배하면 인간적인 대우조차 받지 못하는 경우가 생기기 때문에 경쟁은 그야말로 치열합니다. 이러한 현실을 잘 알고 있는 부모는 자신의 아이가 인간적인 삶을 살 수 있도록 하는 것이 부모로서의 의무라고 생각하면서 아이들을 경쟁으로 내몰게 됩니다.

*

왜 한국의 십대들은 행복하지 않을까

그런데 이렇게 경쟁에 내몰린 아이들은 행복할까요? 입시 경쟁에 시달리고 있는 여러분은 행복한가요? 한국방정환재단과 연세대학교 사회발전연구소가 2012년 4월에 제주도를 제외한 전국 초등학교 4학년에서 고등학교 3학년까지 학생 6,791명을 대상으로 '2012 한국 어린이 · 청소년 행복 지수 국제 비교'에 관한 설문 조사를 실시했습니다. 한국의 점수는 평균(100점) 대비 69.29점으로 OECD, 즉 경제협력개발기구 23개 회원국 중 최하위를 기록했습니다. 2009년부터 4년

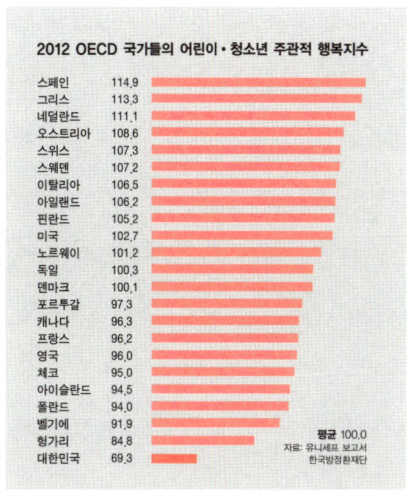

연속 최하위입니다. 그런데 꼴찌도 그냥 꼴찌가 아닙니다. 건강 상태, 학교생활 만족도, 개인 행복감 등 6개 항목에 대해 스스로 행복하다고 생각하는 정도를 수치화한 '주관적 행복 지수'는 65.98점이었습니다. OECD 평균보다 34점이나 낮고, 더욱이 한국보다 한 단계 앞선 헝가리보다도 20점 이상 낮은 수치였습니다. 그런데 주관적 행복 지수는 최하위인 반면 교육 성취도를 측정하는 '교육'과 아침 식사 여부, 운동 등 생활 방식 분야인 '행동과 생활 양식'은 각각 133.85점과 128.42점으로 1위를 차지했고, '물질적 행복 지수'는 4위를 차지했습니다. 또한 행복하기 위해 필요한 것을 묻는 질문에 초등학생은 가족을 가장 많이 꼽았지만, 학년이 올라갈수록 돈이라는 응답이 많아졌습니다. 이는 주관적 행복 지수가 고학년으로 갈수록 낮아지는 것과 조응합니다. 한국의 어린이와 청소년들은 학년이 올라갈수록 공부에 시달리면서 삶의 재미를 잃어 가고, 공부를 해야 하는 이유가 사회적 성공, 곧 더 많은 돈을 벌기 위해서이기 때문에 돈이 많아지면 행복하다고 생각하고 있는 것입니다. 다른 국가에서는 교육 성취도와 물질적 행복 지수가 낮지만 행복하다고 답한 것과 큰 대조를 이룹니다.

한국의 어린이와 청소년들의 행복 지수가 낮은 데에는 엄마들의 영향이 커 보입니다. 강남 엄마, 매니저 엄마 등 아이의 성적을 최우선시하는 극성스러운 엄마들이 아이들의 삶을 버겁게 만들고 있는 것 같습니다. 그렇다면 다른 국가 엄마들은 왜 한국 엄마들보다 교육에 목을 매지 않는 걸까요? 이러한 의문에 대한 힌트는 바로 지갑에 있습니다.

한국에서는 1973년에 1만원권이 발행된 이후 36년 만인 2009년에 5만원권이 발행되었습니다. 가장 고액인 5만원권 지폐에 어떤 인물이 등장할 것인지에 대해 전 국민들의 기대가 컸습니다. 지금까지 지폐에 등장한 모든 인물이 남성이라는 점에서 양성평등의 가치에 입각해 여성 인물이 등장해야 한다는 데 의견이 모였습니다. 하지만 우리 역사에서 여성 위인을 찾기란 쉽지 않았습니다. 여성들은 세종대왕 같은 훌륭한 왕도, 이이나 이황 같은 위대한 학자도 되기 어려웠으니까요. 결국 한국은행은 5만원권의 도안 인물로 이이의 어머니이자 '현모양처'의 대

지폐 속의 여자들

한국과 달리 외국에서는 여성들이 오래전부터 지폐에 등장했습니다. 여성과 남성이 상대적으로 평등한 북유럽 국가에서는 여성과 남성이 5 대 5 비율로 등장합니다. 또한 지폐에 등장한 여성 인물도 중요한 업적을 남긴 여왕, 과학자, 교육자, 여성 운동가, 작가, 음악가 등입니다. 폴란드에서는 노벨 물리학상과 화학상 수상자인 마리 퀴리, 이탈리아에서는 이탈리아 최초의 여성 의사이자 교육자인 마리아 몬테소리, 오스트리아에서는 여성 운동가이자 작가인 로사 마이레더, 영국에서는 여왕인 엘리자베스 2세와 백의의 천사로 불리는 간호사 플로랑스 나이팅게일, 독일에서는 피아니스트이자 작곡가인 클라라 슈만과 여성 해방 운동가인 클라라 체트킨, 가까운 일본에서는 작가인 히구치 이치요 등이 지폐에 등장했습니다. 한국처럼 지폐에 '어머니'가 등장한 국가는 눈을 씻고 찾아봐도 없습니다.

명사인 신사임당을 선정했습니다. 물론 신사임당은 시, 글씨, 그림에서 뛰어난 작품을 남긴 예술가이기도 합니다. 그러나 역사는 신사임당을 예술가가 아니라 '이이의 어머니'로 기억하고 있습니다. 한국은행도 신사임당 선정 이유에 대해 "신사임당은 자녀의 재능을 살린 교육적 성취를 통하여 교육과 가정의 중요성을 환기하는 효과가 기대된다."고 밝혔습니다.

사실 한국에서 지폐에 등장한 여성은 신사임당이 처음이 아닙니다. 1962년에 발행된 100환권 지폐에는 한복을 입은 어머니와 아들이 저금통장을 들고 있는 모습이 담겨 있었습니다. 그러나 이 지폐는 발행된

지 한 달도 되지 않아 제3차 화폐 개혁 때 폐기돼 '최단명 지폐'가 되었습니다. 47년 만에 여성이 어렵게 지폐에 등장했지만, 47년 전이나 지금이나 여성이 '어머니'로 대표되는 것은 전혀 변하지 않았습니다.

*

엄마와 아이의 삶을 바꾸자

한국은 세계적인 양성평등 추세에 부흥하기 위해 여성 인물을 지폐에 등장시켰지만, '자식을 잘 키운 어머니'가 한국의 대표적인 여성 위인으로 밝혀지고 말았습니다. 이 사건은 다른 국가들보다 유독 한국이 여성에게 '현모양처'를 강요하고 있다는 사실을 잘 보여 줍니다. 한국의 엄마들은 아이의 성취를 통해 가정과 사회에서 인정받기 때문에 여성 또는 인간이 아니라 '아이의 양육자'로 살게 되는 것이죠. 이로 인해 엄마는 기대하고 투자한 만큼 아이가 성취하지 못할까 봐 전전긍긍하고, 여러분은 버거운 경쟁에 지쳐 가고 있습니다. 하지만 다른 나라의 엄마와 아이들이 살고 있는 다른 방식의 삶은 우리의 삶과 관계도 충분히 변할 수 있다는 가능성을 제시합니다.

『고등어를 금하노라』를 쓴 임혜지 작가는 고등학교 때 가족과 함께 독일로 이주해 35년째 독일에서 살고 있습니다. 문화재를 조사하고 발굴하는 일을 하면서 독일 남자와 결혼해 남매를 낳았어요. 그렇게 아이들을 키우면서 한국과 독일의 교육을 비교할 수 있었죠.

한번은 고등학생 아들이 수학을 좋아해 수학 전공반에 들어갔대요. 들어가 보니 실력이 최상인 학생과 최하인 학생들이 모여 있었다는군요. 우등생과 열등생 중 한 그룹이 희생되어야 하는 상황이었죠. 선생님은 열등생들에게 맞춰 반복과 복습 위주로 수업하기로 결정했습니다. 이 결정에 우등생 학부형들의 불만이 터져 나왔죠. 하지만 선생님은 수업 방식을 고수했고, 놀라운 일이 생겼어요. 학생들이 함께 공부하면서 모르는 것을 물어보고 아는 것을 설명해 주는 등 자기들끼리 배우기 시작한 것입니다. 결국 수학 전공반은 평균 점수 B라는 좋은 결과를 냈습니다. 낙제 점수로 시작한 열등생들이 한 명도 빠짐없이 상위권 성적을 낸 것이죠. 이는 "열등생을 버리고 가지 않겠다고 결정한 선생님, 스스로 해결책을 찾으려 한 학생, 이 모든 것을 믿고 기다려 준 학부모들의 합작품"입니다. 경쟁이 아닌 배려와 협동이 있었기에 상호 상승이 가능했던 것입니다.

독일은 한국보다 선진국이고 자원이 많기 때문에 경쟁이 아닌 협동이 가능할 수 있었던 것 아니냐고요? 그렇게 짐작하기 쉽지만 실상은 그렇지가 않아요. 독일은 한국과 마찬가지로 이렇다 할 천연자원 없이 전적으로 인적자원에 기대어 과학 기술의 힘으로 먹고사는 나라라고 합니다. 더욱이 고등학생들은 "아무리 열심히 공부해도 나중에 일자리를 얻지 못할 거야. 행여 일자리를 얻는다 하더라도 곧 실직할

걸."이라는 말을 수도 없이 들으면서 학창 시절을 보냈다고 해요. 독일 통일 이후 만성적인 경기 침체와 불안 속에서 자란 세대인 것이죠.

그럼에도 불구하고 학생들은 경쟁이 아닌 상생의 문화를 조성하고 있어요. 아마도 가장 큰 요인은 대학 평준화인 것 같아요. 독일은 초등학교부터 대학교까지 모두 공립이고 평준화되어 있답니다. 평준화 때문에 독일에는 세계적인 명문대로 꼽히는 대학이 없어요. 하지만 독일인들은 여기에 신경 쓰지도 않고 평준화를 없애자고 주장하지도 않는대요. 한두 개 대학이 명문대로 꼽히는 것보다 고르게 실력을 갖추는 것이 더 중요하다고 생각하기 때문이죠. 평준화된 독일 대학에서 수많은 인재들이 배출되고 있는 현실은, 경쟁을 하면 실력이 올라가고 평준화를 하면 실력이 낮아진다는 믿음을 무색하게 합니다. 경쟁이 아니라 자율성과 창조성을 중시하는 교육을 받으면서 학생들은 서로 배려하고 협동하는 문화를 만들어 가고 있는 것입니다.

이러한 문화에서는 학생들도 행복할 뿐더러 엄마들도 덩달아 행복합니다. 자율성과 창조성을 중시하는 교육은, 아이의 모든 면면을 엄마의 책임으로 돌리는 것이 아니라 사회 전체가 아이들을 믿을 때 가능하니까요. 여러분은 관리와 훈육의 대상이 아니라 응원과 믿음을 받으며 자율적으로 자신의 삶을 사는 존재입니다. 따라서 엄마들은 여러분을 소수의 승자로 만들기 위해 아웅다웅하지 않아도 되고, 여러분이 다수의 패자 중의 한 명이 되었다고 자책하지 않아도 되죠. 한국의 모자 관계에 비추어 보면 독일의 이런 모자 관계는 꿈같습니다. 하지만 꿈이 아니라 엄연한 현실이라는 사실은 우리 사회에서도 이런 관계가 실현 가능하다는 것을 의미합니다. 이렇게 엄마가 아이의 관리자나 책임자가 아니라 조력자의 역할을 한다면 엄마와 여러분 모두 훨씬 자율적이고 자유로운 삶을 살 수 있을 겁니다.

2장

일하는
엄마

1

엄마는 일하느라 바빠

*

세상에서 가장 어렵고 위대한 직업

4년마다 열리는 지구촌 축제 올림픽! 인간의 한계에 도전하는 선수들의 모습은 늘 놀랍고 감동적입니다. 선수들은 올림픽 무대를 목표로 4년 동안 피땀을 흘리며 연습합니다. 아니, 올림픽 무대에 서기까지 거의 평생을 연습에 매진해 왔다고 말하는 게 맞겠죠. 그런데 2012년 런던 올림픽을 맞아 글로벌 기업 P&G는 다소 생뚱맞은 캠페인을 진행했습니다. 바로 '생큐맘'(Thank you Mom) 캠페인입니다. 올림픽 캠페인인데 엄마에게 고맙다고 하다니, 그 의도가 짐작되나요?

이 캠페인은 뒤에서 묵묵히 선수들을 뒷바라지해 온 엄마들에게 감사를 표했습니다. 엄마들 덕분에 선수들이 올림픽이라는 영광스러운 무대에 설 수 있었다는 것이죠. 전 세계 사람들이 올림픽에 열광하지만, 선수들에게 박수를 치면서 선수들의 엄마를 떠올리는 사람은 많지 않을 겁니다. 우리의 시선을 선수들에서 엄마로 돌리고 있는 것이지요. 그런데 이 캠페인은 또 다른 측면에서 우리의 시선을 바꾸고 있습니다. 바로 "세상에서 가장 어렵고 위대한 '직업'은 엄마"라고 말하고 있다는 점입니다.

엄마를 하나의 직업으로 규정한 생큐맘 캠페인은 주부 또한 직업임을 인정받으려는 노력과 맞닿아 있습니다. 하지만 대체로 주부가 엄마이자 아내인 데 반해, 이 캠페인은 주부의 두 가지 정체성 중에서 엄마만을 분리해 '가장 어렵고 위대한 직업'이라고 지칭한다는 차이가 있습니다. 그동안 우리 사회는 아빠는 밖에서 돈을 벌어 오고 엄마는 집에서 살림해야 한다는 성별 분업을 강제해 왔습니다. 하지만 모순적이게도, 엄마가 집에서 일을 하는 것이 아니라 놀고먹는다는 인식이 강했습니다. 빨래, 청소, 요리, 설거지, 육아 등으로 하루 종일 눈코 뜰 새 없이 바쁜데 말이에요. 그래서 여성학자들은 집안일을 '가사노동'이라고 개념화했습니다. 집안일도 하나의 '노동'이라는 것이죠. 이렇게 집안일을 폄하하는 사회의 인식을 바꾸기 위한 노력이 오랫동안 진행됐지만 아직도 많은 사람들이 주부를 무직이라고 생각합니다. 그런데 대부분의 사람들은 이 캠페인에 대해 '감동적'이라고 반응했습니다. 그만큼 많은 사람들이 엄마의 사랑과 헌신을 인정하고 있는 것이죠.

*

'전문직'이 된 엄마?

생큐맘 캠페인과 캠페인에 대한 반응은 엄마의 역할이 과거와는 많이 달라졌다는 사실을 보여 줍니다. '엄마'는 자식을 낳은 여자, 곧 출산과 동시에 얻게 되는 자연스러운 정체성이라고 생각되었습니다. 또한 엄마가 하는 일들은 엄마이기 때문에 당연히 해야 하는 일이라고 간주되었고요. 더욱이 자식이 많고 가난했던 시절에 엄마들은 아이들에게 신경을 많이 쓰지 못했습니다. 지금 한국은 세계 제1의 저출산 국가지만, 1960년대만 해도 출산율이 너무 높아서 '덮어놓고 낳다 보면 거지꼴을 못 면한다'는 표어까지 있었어요. 이렇게 아이들이 많았지만, 당시에 엄마들은 대가족 살림을 도맡는 한편 농사와 각종 부업을 하느라 눈코 뜰 새 없이 바빴습니다. 아이들은 엄마 대신 함께 사는 할머니, 할아버지, 삼촌, 고모들의 돌봄을 받거나 자기들끼리 놀면서 성장했습니다.

그러나 1960년대부터 가족 형태가 핵가족으로 바뀌기 시작했고, 출산율을 낮추려는 국가의 노력으로 자녀 수가 적어졌습니다. 우리 사회도 점점 가난을 벗어났고요. 게다가 과학이 모성과 결합되면서 엄마는 위생, 영양, 교육 등의 전문가가 되어야 했습니다. 보릿고개란 말 들어 봤지요? 6 · 25 전쟁 이후까지도, 사회 전체가 가난했을 때에는 무엇을 어떻게 먹든 배를 채우는 것이 중요했습니다. 하지만 서구 문화가 유입되면서 '영양'과 '교육'이 중요해졌습니다. 자식이 많고 가난할 때에는 유아 사망률도 높았지만, 이제 적은 수의 아이들을 건강하고 똑똑하게 키우는 것이 엄마의 책임이 되었습니다. 이후 엄마의 역할은 더욱 세분화되고 전문화되면서 오늘날 엄마는 가정부, 요리사, 교사, 심리 상담사, 운전기사, 회계사, 펀드 매니저 등 여러 가지 전문적인 일을 동시에 해내고 있습니다. 그래서 많은 사람들이 '엄마를 하나의 직업으로 봐야 한다'는 제안에 고개를 끄덕이는 것입니다.

*

집, 회사, 학교까지 엄마는 간다!

그런데 엄마를 직업으로 본다면 우리 사회에는 두 개의 직업을 가진 여성들이 아주 많습니다. 바로 일하는 엄마, 워킹맘입니다. 2011년에 맞벌이 부부는 43.6%로 홑벌이 부부 42.3%보다 많았습니다. 또한 2012년 기준 워킹맘은 580만 명으로 추정됩니다. 이렇게 많은 여성들이 가장 어렵고 위대한 직업인 엄마 역할을 하는 동시에 밖에서 돈도 벌고 있는 것입니다. 밖에서 일하는 엄마들을 워킹맘이라고 부른다면, 집에서 일하는 엄마들은 전업맘이라고 부릅니다. 워킹맘과 전업맘 모두 눈코 뜰 새 없이 바쁩니다. 워킹맘은 직장일과 집안일을

병행하느라 정신이 없고, 전업맘은 해도 해도 끝이 없는 집안일을 하느라 하루가 짧습니다.

그런데 이렇게 바쁜 엄마들에게도 우선순위가 있습니다. 바로 학교 활동입니다. 학교에서는 엄마들을 수시로 불러 일을 시킵니다. 엄마들은 등굣길 교통 지도, 급식 배식, 청소, 시험 감독, 학교 행사 도우미, 환경 미화 등의 '자원봉사'에 동원됩니다. 전업맘들은 직장에 다니지 않는다는 이유로 수도 없이 호출됩니다. 워킹맘들은 업무 시간과 자원봉사 시간이 겹치기 마련이라서 학교 자원봉사에 참여하려면 직장에 휴가를 내거나 도우미를 고용해 대신 보내야 합니다. 어떤 엄마들은 아이가 학교에 잘 적응하도록 하기 위해 기꺼운 마음으로, 또 어떤 엄마들은 아이가 서운해할까 봐 마지못해 참여하고 있습니다. 학교에서 엄마들을 부르는 일은 초등학교가 가장 많지만 중고등학교도 예외는 아닙니다. 초등학교에서는 모든 엄마들이 동원된다면, 중학교, 고등학교로 올라갈수록 학부모회나 학교 운영 위원회, 학급 임원 엄마들이 동원됩니다. 다음 그래프를 보면 중학교에서도 엄마들이 상당히 많이 동원된다는 사실을 확인할 수 있는데요. 이처럼 학교 활동이 부담스러워 아이를 임원에 출마시키지 않는 엄마들도 있을 정도라고 해요.

부담을 느끼는 건 매한가지지만, 현실적으로 시간 제약이 적은 전업맘들이 워킹맘보다 학교 활동에 더 많이 참여합니다. 그러다 보니 직장 때문에 자주 참여하기 어려운 워킹맘들은 속이 탑니다. 자원봉사 활동에 빠지거나 도우미를 대신 보내다 보면 아이가 서운해하지 않을까 걱정되는 한편, 전업맘들의 입방아에 오르내리거나 심지어 왕따를 당하기도 합니다. 일하는 엄마를 둔 여러분 중에도 학교에 자주 찾아오는 엄마들을 보면서 상대적인 박탈감을 느껴 본 친구들이 있을 겁니다.

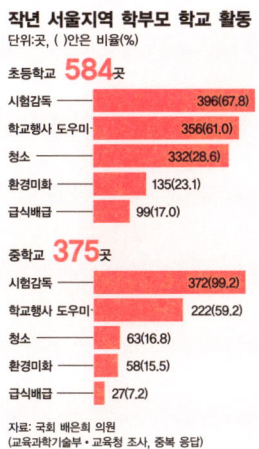

작년 서울지역 학부모 학교 활동
단위:곳, ( )안은 비율(%)

초등학교 584곳

시험감독	396(67.8)
학교행사 도우미	356(61.0)
청소	332(28.6)
환경미화	135(23.1)
급식배급	99(17.0)

중학교 375곳

시험감독	372(99.2)
학교행사 도우미	222(59.2)
청소	63(16.8)
환경미화	58(15.5)
급식배급	27(7.2)

자료: 국회 배은희 의원
(교육과학기술부·교육청 조사, 중복 응답)

*

우리 엄마도 우산 갖다 주면 좋겠다

지현이는 중학생인 지금은 그렇지 않지만, 어렸을 때는 전업맘을 둔 친구들이 무척 부러웠다고 해요.

Q　　집에 있는 엄마들하고, 직장 다니는 엄마하고 비교해 보면 어때요?

지현　　제 친구 엄마들은 거의 다 주부고 하니까, 초등학교 1학년 이럴 때는 학교 끝나면 엄마가 데리러 오고 그래서 엄청 부러웠거든요. 그리고 되게 사소한 건

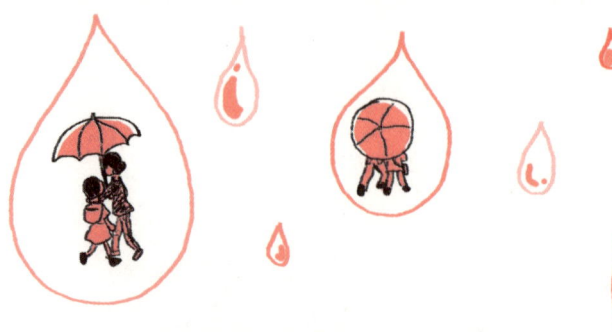

데, 노트에 이름 적어 주는 것도 되게 부러웠어요.

Q   언제까지 엄마들이 학교에 데리러 왔어요?

지현   1, 2학년? 비 오면 우산 갖다 주고 이런 거 어릴 땐 부러웠어요.

Q   그때 데리러 온 엄마들이 많았어요?

지현   많았어요.

Q   데리러 오는 거 말고도 학교에 엄마들이 많이 찾아오고 그랬어요?

지현   뭐 학부모 회의나 공개 수업 같을 때는 저희 엄마도 오셨어요. 그런 거

말고 엄마들 끼리끼리 친해져서 어딜 놀러 간다거나 그래서 친구들끼리 더 친해

지는 경우가 있는데 전 그런 게 별로 없었어요. 저희 반만 해도 다 엄마들끼리 친

해서 생긴 그룹이 있었어요. 걔네들끼리도 친하고, 같이 여행도 다니고, 엄마들

때문에 같이 학원도 다니고.

Q   '엄마가 그런 것도 좀 하면 좋을 텐데.' 그런 생각이 있었어요?

지현   네. 지금은 별로 안 그런데 그때는 그런 게 너무 부러웠어요.

        Q   우리 엄마는 그런 거 잘 못해 주니까?

        지현   네. (웃음)

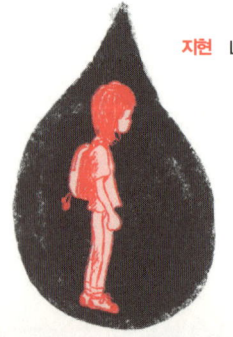

　지현이의 엄마는 전문직에 종사하고 있는 워킹맘입니다. 지현이가 아주 어렸을 때 엄마는 공부를 하느라 외국에 나가 있기도 했고, 박사 학위를 딴 뒤에는 지방에서 회사를 다니느라 몇 년 동안 떨어져 살기도 했습니다. 엄마가 학교에 자주 올 수 없었던 지현이는 친구들이 부러웠습니다. 친구 엄마들은 학교가 끝날 시간에 맞춰 데리러 왔고, 학용품에는 엄마의 자취가 여기저기 묻어 있었습니다. 무엇보다 지현이가 부러웠던 것은 반 엄마들이 모임을 만들면서 아이들끼리도 친하게 지내는 모습이었습니다. 전업맘들은 경제적인 수준, 관심사, 성향이 유사한 엄마들끼리 모여 정보를 교류하고, 아이들을 같은 학원에 보내고, 함께 여행을 다니며 친목을 다졌습니다. 하지만 워킹맘인 엄마가 그런 모임에 끼지 못했기 때문에 지현이도 그 아이들과 친해지기 어려웠습니다. 엄마들이 학교생활에 깊숙이 개입하면서 친구 관계도 엄마들의 관계에 영향을 받게 된 것입니다. 특히 엄마의 영향이 크고 친구들과 사귀는 데 더 서툰 저학년일수록 전업맘들의 모임은 워킹맘의 아이들에게 부러움의 대상이었습니다.

저출산의 비밀

여러분 주위를 보면 전업맘도 많고 워킹맘도 많죠? 그런데 전업맘이라 하더라도 결혼이나 출산 전에 일했던 엄마들도 있고, 아이가 조금 크면서 취직한 엄마들도 있어요. 평생을 전업맘으로 사는 엄마는 그다지 많지 않을 겁니다.

그렇다면 여성들의 취업은 어떤 경향을 보이고 있을까요? 우리 사회에서 여성들의 취업은 아주 오랫동안 M 곡선을 그리고 있어요. M 곡선이란 한국 여성들의 연령별 취업 현황을 나타내는 용어입니다. 여성들은 대학을 졸업하고 활발하게 경제 활동을 하다가 20대 후반 결혼을 기점으로 취업률이 급격하게 하락합니다. 출산과 양육을 하느라 30대까지 일을 못 하다가 아이가 어느 정도 성장한 40대 전후에 경제 활동이 다시 증가합니다. 이러한 연령별 변화로 인해 M 모양이 그려지는 것이죠. 결혼, 출산, 양육 때문이니 어쩔 수 없는 현상 아니냐고요? 미국, 독일, 스웨덴 등에서는 연령에 따른 취업 변화가 크지 않아요. OECD 국가 중에서 여성 취업이 M 곡선을 그리는 국가는 일본과 한국뿐이랍니다. 그만큼 우리 사회가 아이를 키우면서 일하기 어려운 환경이라는 것이죠. 이로 인해 한국이 세계 제1의 저출산 국가가 되고 말았어요.

저출산 문제가 심각해지면서 우리 사회에서도 여러 가지 대책을 세웠습니다. 여성들에게 출산 휴가 3개월, 육아 휴직 1년을 제공하고 있고, 2007년부터 남성들도 3일간의 출산 휴가와 1년 동안 육아 휴직을 쓸 수 있게 되었어요. 2013년부터는 남성들의 출산 휴가가 1달로 늘어났고요. 제도적으로는 선진국과 유사한 상황이죠. 하지만 저출산 문제는 좀처럼 나아질 기미를 보이지 않고 있습니다. 문제는, 이러한 제도를 실제로 사용하기가 어려운 현실입니다. 일단 출산 휴가와 육아 휴직은 고용 보험에 가입되어 있는 정규직 노동자만 쓸 수 있기 때문에 고용 보험에 가입하지 못한 비정규직 노동자들에게는 그림의 떡이에요. 여성 중에 비정규직이 아주 많거든요. 게다가 정규직 여성이라도 육아 휴직을 하면 불이익을 받을까 봐 사용을 꺼립니다. 회사나 상사 눈치가 보이고, 휴직 동안 동료들이 자기 일까지 떠맡아야 해서 미안하고, 경력에 공백이 생겨 승진도 어려워지거든요. 여성도 육아 휴직을 하기가 쉽지 않은 현실에서 남성의 육아 휴직은 생각하기조차 힘듭니다. 우리 사회는 아직도 아이는 엄마가 길러야 한다는 인식이 강하고, 경제적으로도 남성의 육아 휴직은 효용성이 떨어집니다. 육아 휴직 기간 동안 월급을 다 받는 게 아니라 월급의 40%(최소 50만원에서 최대 100만원)를 받거든요. 일반적으로 여성보다 남성의 월급이 많기 때문에 남편이 육아 휴직을 하면 가계 수입이 크게 줄어들게 되죠.

이렇게 아무리 제도가 잘 갖추어져 있다 하더라도 실제로 그 제도를 사용하기 어려운 현실이라면 무용지물에 불과합니다. 여성들이 고용 보험의 혜택을 받을 수 있도록 정규직으로 고용이 되고, 남성과 여성의 월급 차가 없어지고, 출산과 육아를 개인과 회사의 문제가 아닌 우리 사회 전체의 문제로 인식해야만 저출산도 해소되고, M 곡선도 완만해질 것입니다.

이처럼 엄마의 전폭적인 지원을 필요로 하는 학교생활 때문에, 출산 휴가 3개월이 끝나 백일이 갓 지난 아기를 떼어 놓고 눈물을 흘리며 출근했던 엄마들도 아이가 자라면서 결국 직장을 포기하는 경우가 많습니다. 아이가 서운해할까 봐 또는 아이의 성적이 떨어질까 봐 전전긍긍하다가 공부는 때가 있다는 생각에 일을 그만두는 겁니다. 이제 엄마들은 아이의 성적으로 대가를 받고 싶어 하고 그만큼 아이에게 더 많은 노력을 쏟게 됩니다. 전업맘들끼리의 경쟁으로 인해, 또는 일을 포기한 보상을 받기 위해 아이의 교육에 점점 더 몰입합니다.

*

엄마가 일하니까 학원비를 낼 수 있어

그런데 이러한 분위기에도 꿋꿋이 일하는 엄마들이 있습니다. 일하느라 아이들의 교육에 관심을 기울일 수 있는 시간이 전업맘보다 부족하지만, 워킹맘이기 때문에 해 줄 수 있는 것이 있기 때문입니다. 엄마가 일하는 여러 가지 이유 중에 여러분의 교육은 무엇보다 중요한 부분을 차지합니다.

부모님이 모두 전문직으로 일하는 준서는 엄마가 직장에 다니지 않았다면 지금처럼 여러 학원에 다닐 수 없었을 거라고 해요.

Q   엄마가 일하는 것에 대해서 어떻게 생각해요?

준서   부정적인 생각은 없고요. 뭐, 돈 벌려고 일하시는 거니까, 딱히 뭐 싫다
이런 거는 없어요. 엄마가 또 그 일에 자부심을 가지고 계시니까.

Q   경제적으로 굉장히 윤택할 것 같아요.

준서   네. 못살지는 않죠. 잘살⋯⋯.

Q   그런데 엄마가 일을 안 하고, 아빠 혼자 버셔도 수입은 좋을 것 같은데?

준서   아빠 혼자 하시는 건 좀 무리가 있죠. 동생 학원비, 제 학원비 뭐 이런 게

큰 부분을 차지하죠. 동생이랑 둘이 합치면 거의⋯⋯. 하여튼 많이 차지할 거예요. 꽤 많이 들어요.

Q 둘이 합치면 100만원은 넘지 않아요?

준서 지금 제 학원비가 100만원이 조금 넘거든요.

Q 혼자서?

준서 네. 세 개니까. 수학, 영어 중요한 거는 40만원이고 국어는 35만원 이렇게 해서. 동생은 아직 초등학생이라서 그렇게 비싸지는 않은데 되게 많이 다니죠. 지금 할 수 있는 것도 많고 잘해요. 5학년이니까. 수학 학원 두 개씩 다니고 있고 또 미술 학원도. 그래서 되게 바빠요. 저보다 바쁜 것 같아요.

Q 학원비가 그렇게 비싸요?

준서 비싸요.

Q 어, 놀랐겠어요.

준서 저도 되게 놀랐어요. 언젠가 엄마가 카드 갖다가 학원비 결제하라고 해서 알았어요. 영수증이 나오잖아요. 진짜 그렇게 비싼지 몰랐어요.

Q 그렇구나. 동생까지 합하면 거의 200만원 가까이 되네요?

준서 한 달에 거의 그럴걸요.

Q 엄마가 애도 키우면서 그렇게 직장에서 인정받기가 쉽지 않았을 텐데 엄마한테 특별히 노하우나 그런 게 있어요?

준서 노하우라기보다는 어, 바쁠 때는 저희를 계속 관리해 주시기가 힘드시죠, 아무래도. 숙제 일일이 챙겨 주시거나 뭐 따로 가르쳐 주신다거나 그런 건 바쓰시니까 힘들잖아요. 그러니까 생활이나 저희 키우시는 거는 할머니한테 맡기시고 엄마는 뭐 따로 그 경제적인 면이나 이렇게 챙겨 주셨던 것 같아요.

준서의 엄마는 준서가 태어나기 전부터 일을 해서 지금은 회사에서 꽤 중요한 직책을 맡고 있습니다. 엄마는 매년 우수 직원으로 뽑힐 정도로 인정을 받고 있습니다. 엄마의 평소 귀가 시간은 밤 10시 이후고, 회식이 있을 때는 새벽에 들어오기도 합니다. 하지만 준서는 일하느라 바쁜 엄마로 인해 결핍감을 느낀 적이 별로 없었습니다. 친할머니와 친할아버지가 함께 살면서 준서를 키워 주었기 때문입니다. 게다가 친할머니는 집안일도 도맡아 주었습니다. 엄마가 밖에서 일하는 것이 가족에게 도움이 되었기 때문입니다. 양육이나 가사는 친할머니가 대신해 줄 수 있지만 돈을 버는 것은 엄마와 아빠만 할 수 있는 일이었습니다. 엄마가 직장에 다닌 덕분에 준서와 동생은 매달 200만 원에 달하는 수강료를 내며 학원에 다닐 수 있었습니다. 사교육이 학교 성적에 크게 도움이 된다고 생각하는 준서는 자신을 학원에 보내기 위해 힘들게 일하는 엄마에게서 자신에 대한 사랑과 정성을 느꼈습니다.

워킹맘은 전업맘처럼 아이의 일거수일투족을 살뜰히 챙기지 못합니다. 일하느라 시간이 없기 때문이기도 하지만, 돈이 부족해서 일을 해야 하기 때문입니다. 사실 엄마가 전업맘이 되려면 아빠가 가족의 생활비, 자녀 교육비, 미래를 위한 저축 등등을 충당할 수 있을 만큼 돈을 많이 벌어야 합니다. 하지만 그렇게 많은 돈을 아빠 혼자 벌기가 쉽지 않잖아요. 그래서 많은 엄마들이 생활비와 교육비를 벌기 위해 일하고 있습니다. 엄마가 일하지 않으면 가족들의 생활은 더 어려워지는 상황인 것입니다.

2

엄마 일 때문에 집이 엉망이야

*

모든 건 일하는 엄마 탓?

워킹맘이 증가하고 있는 현실로 인해 아빠는 밖에서 일하고 엄마는 집에서 살림하는 전통적인 역할 분담이 변화하고 있는 것처럼 보입니다. 하지만 일하는 엄마의 사정을 들여다보면 큰 변화를 찾기 어렵습니다. 오히려 엄마는 직장과 집안일을 병행하느라 눈코 뜰 새 없이 바쁩니다. 직장에서는 워킹맘들이 집안일 때문에 직장 업무에 집중하지 못한다는 편견을 드러냅니다. 또한 육아를 이유로 야근을 하지 않고 회식에 빠진다고 눈치를 줍니다. 가족들은, 다양한 역할을 척척 해내는 전업맘과 달리 직장에 다니느라 아내와 엄마의 역할에 소홀하다고 서운해합니다. 집안일은 거의 하지 않고 직장 업무에만 전념하는 아빠들과는 전혀 다른 처지인 것이죠.

게다가 원래 엄마가 있어야 할 곳은 '집'이라고 생각하는 사람들이 여전히 많습니다. 하지만 옛날 옛적에도 워킹맘이 있었습니다. 해와 달이 어떻게 생겨났는지 들려주는 『해님달님』이라는 동화책 기억나지요? 동화 속에서 "떡 하나 주면 안 잡아먹지—"라고 말하는 호랑이에게 떡을 전부 주고도 잡아먹힌 엄마가 바로 떡 장사를 하는 워킹맘이었지요. 여러분을 재워 주었던 「섬집아기」라는 동요에도 워킹맘이 등장합니다. 엄마는 섬 그늘에 굴 따러 다니는 워킹맘이었고 아기는 그런 엄마를 기다리다가 잠이 들지요. 아기는 곤히 자고 있지만 엄마는 불안한 마음에 서둘러 집으로 달려옵니다.

이렇게 워킹맘은 옛날부터 있었지만, 예나 지금이나 워킹맘에 대한 생각은 변하지 않았습니다. 『해님달님』과 「섬집아기」에서도 엄마의 부재가 사고의 주요 원인으로 제시되거나 사고가 일어날지 모른다는 불안감을 조성하고 있어요. 실제로 맞벌이 부부가 집을 비운 사이 아이들이 화재나 추락 등의 사고를 당하는 사건들이 잇달아 일어나고 있습니다. 이 사건들은 맞벌이 부부가 계속 증가하고 있지만, 보육 정책이 현실을 따라오지 못하기 때문에 발생한 것입니다. 하지만 사고가 생길 때마다 엄마를 비난하는 사람들이 많습니다. 아이들을 돌볼 책임은 엄마에게 있다고 생각하기 때문입니다.

엄마가 일 나가면 집안일은 내 차지

맞벌이 부부가 증가하고 있는 상황에서 일하러 나간 엄마 아빠를 대신해 친할머니나 외할머니, 가사 도우미 등 다른 사람들에게 보살핌을 받을 수 있다면 운이 좋은 경우입니다. 친할머니나 외할머니도 안 계시고, 가사 도우미를 부를 형편도 안 되는 가정이 적지 않습니다.

4녀 1남 중 셋째인 가영이는 겨우 열다섯 살, 중학교 2학년이지만 일곱 식구의 집안일을 도맡아 하고 있어요. 엄마 아빠는 일하느라 바쁘고, 언니들은 고등학생이라 시간이 없고, 동생들은 어리다는 이유에서입니다. 식구가 많아서 경찰관인 아빠의 월급으로는 생활비를 충당할 수가 없었어요. 간간이 부업을 하던 엄마는 1년 전쯤 외할아버지가 사고를 당하자 병원비를 마련하기 위해 본격적으로 일을 시작했습니다.

Q   엄마가 일 시작하니까 어땠어요?

가영   처음에는 좋았긴 좋았는데요. 가면 갈수록 이제 짜증이 나요. 처음에는 엄마가 일해서 돈 번다고 해서 이제 저희 빚 다 갚는다고 생각했을 때는 좋았어요. 엄마가 빚 걱정이 없어지니까. 그런데 막상 엄마가 일 나가고 나니까 집안일은 내가 해야 돼서……. 그게 제일 짜증 나는 거 같아요.

Q   엄마가 몇 시부터 일하시는데요?

가영　　아침 9시부터 나가셔서 출근 도장 찍고 물건 받아서 화장품 배달하고. 배달하고 나면 인천 가서 마사지하고. 마사지 끝나고 이모네 가게 가서 도와주고 집에 오면 12시 넘어요.

Q　　아아, 그런 엄마를 보면 어때요?

가영　　너무 힘들어 보여요. 집에 오면 잠도 못 자고 몸살 나고 그러니까 많이 걱정돼요.

Q　　아빠는 언제 들어오세요?

가영　　아빠 일찍 들어온다고 하실 때가 8시나 10시쯤이고, 늦게 들어오신다고 하면 새벽 1, 2시쯤 돼요.

Q　　아빠나 엄마나 거의 집에 안 계신다고 봐야 되겠네요. 엄마가 가영이가 힘들어하는 거 알아요?

가영　　제가 엄마한테 일을 좀 줄이라고 그랬는데 엄마가 엄청 '승질' 냈어요. 그런데 나중에 알고 보니까 엄마 혼자 방에 들어가서 우시고 그랬어요. 엄마 울고 나서는 괜히 그 말을 꺼내서 엄마를 더 혼란스럽게 한 거 같아서 굉장히 죄송하고요. 두 번 다시 그런 엄마 얼굴을 보고 싶지 않아요.

가영이는 자라면서 집안 형편이 아주 좋지 않다는 사실을 알게 되었습니다. 친구들처럼 학원에 다니고 싶었지만 엄마가 돈이 없다고 학원에 보내 주지 않았죠. 가영이네는 이미 빚이 있는 상태에서 외할아버지 병원비를 대느라 빚을 더 지게 되었어요. 엄마는 빨리 빚을 갚아야 한다는 마음에 이른 아침부터 늦은 밤까지 강행군을 했어요. 그런 엄마를 보는 가영이의 마음은 복잡했습니다. 엄마가 안쓰럽고 걱정되면서도 집안일을 혼자 도맡아야 하는 상황이 버거웠어요. 가영이는 집안일을 돕지 않는 언니들에게 도움을 요청하기보다 엄마에게 일을 줄이라고 말했어요. 집안일이 엄마의 책임이라고 생각했기 때문입니다. 하지만 엄마의 눈물을 보고서 엄마도 어쩔 수 없는 상황이라는 사실을 알 수 있었어요. 가영이는 이제 고등학교를 졸업하는 큰언니가 집안일을 도와줄 거라 기대하고 있습니다.

가영이처럼 가정 형편이 어렵고 친할머니나 외할머니의 도움도 받기 어려운 경우엔 딸들이 집안일을 도맡아 하게 되는 경우가 많습니다. 2011년에 발간된 「충청북도 위기청소년지원사업 성별영향평가」 보고서에 따르면 형편이 어려운 가정의 경우 아들은 우선적으로 지원을 받는 반면에 딸들은 '작은 엄마'로서 가사노동의 책임을 맡게 돼 큰 스트레스를 받는 것으로 나타났습니다.

*

왜 집안일을 나누지 않을까

주원이네 집도 아빠의 월급으로는 주원이와 동생의 학원비, 친할머니 병원비를 댈 수 없는 형편이었고, 엄마는 가정 경제에 보탬이 되기 위해 일을 시작했습니다. 하지만 엄마가 일을 시작한 후에도 여전히 집안일은 엄마 책임이었습니다.

Q 우리 사회에서 엄마는 자식 교육이라는 굉장히 중요한 역할을 부여받고 있는데, 일하는 엄마는 자식 교육에 전업주부보다는 상대적으로 소홀하다는 평가가 있잖아요. 이런 것에 대해서는 어땠어요?

주원 할머니가 그쪽에 부정적이었어요. "집안일이 우선이지, 돈벌이가 우선이냐?" 그랬는데, 결국 돈이 부족하니까, 엄마가 이제 직장에 나가시니까, 할머니가 가사를 거의 전폭적으로 담당하게 된 거잖아요. 그래서 할머니가 그런 쪽에 좀 불만이 있었던 것 같아요. 엄마는 아침 일찍 출근해야 되니까. 지금도 인제 엄마가 막 정신없잖아요. 생선을 사 놓고 냉장고에 박아 두고 모를 때도 있는데, 할머니가 찾아 가지고 점심을 해 주면서 "너희 에미는 이런 거 잘 관리도 못 하고, 냉장고에 있는 것도 또 사 오고 또 사 온다." 고 막 그런 불만들 토로하고 그러셨어요. 할머니는 부족하게 본 거죠, 엄마를, 가사 면에서. 돈 벌어 오는 거는 좋은데, 할머니가 느끼기에 양육의 책임은 엄마한테 전적으로 있는 거고. 예, 그런데, 저는 그렇게 생각 안 했고.

Q 그럼 어떻게 생각했어요?

주원 저는 일단 엄마가 양육의 책임을 백프로 다 가져갈 수 있는가? 그거는 중학교 때부터 아니라고 생각했어요. 그런데, 그때는 아빠가 내 밥을 해 줘야 된다고, 거기까지 생각 못 했고. 그냥 엄마만의 책임이 아니라, 할머니의 책임이기도 하고, 우리가 밥을 해서 먹어도 되고 그 정도.

워킹맘은 몸이 열 개라도 모자라기 때문에 엄마에게 주어진 역할들을 다른 사람들과 나눕니다. 그렇게 하지 않으면 도저히 직장과 집안일을 병행할 수 없습니다. 그런데 집안일을 가사 도우미에게 맡기면 돈이 많이 들어서 엄마가 밖에서 일하는 의미가 줄어듭니다. 그래서 친할머니나 외할머니가 돈을 받지 않거나 적은 돈만 받고 맡아 주는 경우가 많습니다. 전업맘이었던 주원이의 엄마도 친할머니와 함께 산 이후로 직장을 구할 수 있었습니다. 하지만 친할머니는 엄마가 직장에 다니느라 집안일에 소홀해지는 것을 탐탁지 않아 했습니다. 당신은 도와주는 입장일 뿐, 집안일에 대한 책임은 여전히 엄마에게 있다고 생각했습니다. 친할머니가 때때로 엄마에 대한 불만을 털어놓는 것에 마음이 좋지 않았기 때문이었을까요. 주원이의 생각은 달랐습니다. 엄마가 일을 하니 가족들이 집안일을 나눠야 한다고 생각했습니다. 하지만 집안일을 나눠야 하는 가족에 아빠는 포함되지 않았습니다.

주원이뿐만 아니라 많은 사람들이 아빠와 집안일을 연결시키지 못합니다. 아빠가 돈을 벌고 엄마가 집안일을 하던 과거와 달리 엄마도 아빠처럼 돈을 벌고 있습니다. 그렇다면 아빠도 엄마처럼 집안일을 하면 간단할 텐데, 왜 아빠는 집안일을 하지 않는지 의아하지요? 여기에는 여러 가지 원인이 복합적으로 작용하고 있습니다. 무엇보다 아빠의 역할은 돈을 버는 것이고 엄마의 역할은 집안일이라는 고정관념이 잘 바뀌지 않고, 아빠에게는 가장이라는 권위가 있기 때문입니다. 사람들은 아빠가 가족을 위해 돈을 버느라 직장에서 고생하기 때문에 집에서는 쉬어야 한다고 생각합니다. 또한 청소, 빨래, 설거지 같은 집안일을 하면 아빠의 권위가 손상된다고 걱정합니다. 더욱이 남자가 집안일을 하는 것을 본 적이 별로 없기 때문에 아예 상상조차 하지 못하기도 합니다. 그리고 아빠가 버는 돈과 달리 엄마가 버는 돈은 가정의 부수적인 수입이라고 생각합니다.

하지만 엄마가 직장에 다녀야 할 필요는 점점 커지고 있습니다. 생활비와 교육비가 치솟아서 아빠 혼자만 벌어서는 생활이 어려운 상황입니다. 이는 아빠가 가족의 생계를 책임지는 사람, 즉 생계 부양자라는 전통적인 사고의 변화를 요구합니다. 실제로 2010년 통계청이 발표한 자료에 따르면 남편 10명 중 8명 이상(81.5%)이 맞벌이를 선호하는 것으로 나타났습니다. 하지만 같은 해 조사에서 맞벌이 남편의 가사노동 시간은 하루 42분으로 홑벌이 남편보다 오히려 2분이 적었습니다. 맞벌이 남편의 노동 시간 42분은 맞벌이 아내가 일하는 3시간 27분의 5분의 1에 불과합니다. 이렇게 아빠들은 엄마가 돈을 벌기를 원하고 실제로 많은 엄마들이 일하고 있지만, 엄마와 집안일을 나누지 않아 워킹맘들의 부담은 더욱 커집니다. 엄마는 혼자서 전전긍긍하거나 친할머니, 외할머니, 가사 도우미, 딸 등 여자들의 도움을 받고 있는 상황입니다.

엄마가 신경 안 써 줘서 서운해

이처럼 집안일을 하는 아빠가 매우 드물기 때문에 워킹맘은 직장과 집안일을 병행하느라 항상 발을 동동거립니다. 게다가 워킹맘이 처한 어려움은 집안일에만 그치지 않습니다. 아이들이 필요로 하는 돌봄도 전적으로 엄마의 몫입니다.

수현이는 부모님이 모두 일을 하고 있을 뿐만 아니라 일의 특성상 엄마보다 아빠가 시간적인 여유가 더 많았지만, 엄마에게 서운한 감정을 많이 가지고 있었습니다.

Q   할머니가 집안일을 해 주셨잖아요. 집안일은 얼마나 충족이 됐어요?

수현   그거는 불편함을 못 느꼈어요.

Q   그러면 엄마가 해 줬으면 좋겠다는 건 가사는 아닌 거잖아요. 뭘 해 줬으면 좋겠다고 생각하는 거예요?

수현   그냥 좀 더 신경 써 주고 관심을 가져 주고 같이 지내고 활동할 수 있는 시간이 많아졌으면 좋겠어요. 다른 애들에 비해서 엄마가 관심을 너무 안 가져 주는 것 같고. 특히 고모네 사촌들을 보면, 고모는 집에 있다 보니까 항상 신경 써 주는데, 엄마는 너무 바빠서 그런 게 없었어요. 고모는 누나랑 형도 어디로 자주 데리고 다니고 학원 끝나면 차로 데려다 주고. 집에 항상 같이 있으니까 되게 친해 보였어요. 저는 그거에 비해서 약간 음……. 덜 친한 거 같기도 하고. 분위기가 되게 달랐어요. 고모네는 되게 활발한 분위기인 반면 저희 집은 약간 살벌해요.

Q   아들로서 엄마가 항상 곁에 없고 나한테 신경 잘 못 써 주고 바쁘고 피곤해 보이는 게 있는 반면에, 엄마 인생으로서 본다면 어떤 거 같아요?

수현   그렇게 하고 싶은 걸 열정적으로 하는 거, 그게 정말 대단한 거 같아요, 좋은 거 같아요. 오히려 주부들은 다 그런 거 못 하고 집안 살림 하고 남편이랑 애들 돌보느라 집에만 있으면 심심하고 후회될 거 같아요, 나중에.

Q   아들로서도 그렇게 생각하는 거예요?

수현   아들로서 잘 모르겠어요. 아들로서는 약간 엄마가 잘 안 해 준 거 같아서 꼭 좋다고 생각되지는 않아요. 그냥 엄마가 그렇게 살았다는 것은, 아들이 아닌 다른 사람 입장으로 봤을 때 얘기인 거 같아요.

수현이는 동생인 지현이와 마찬가지로 엄마가 전업맘인 친구들이 부러웠어요. 엄마가 항상 집에 있으니 아이들에게 관심을 많이 가져 주는 것 같았고 무엇보다 가족들이 서로 친해 보였습니다. 반면에 수현이네 가족은 친할머니, 아빠, 엄마, 지현이, 삼촌까지 여섯 명이고 토끼, 햄스터, 붕어들도 있었지만, 수현이에게는 엄마의 빈자리가 너무 컸습니다. 엄마가 바빠서 가족들을 챙기지 못해 집안 분위기가 살벌하다고까지 느끼고 있었어요. 수현이가 엄마에게 바랐던 것은 집안 일이 아니라 수현이에 대한 관심과, 함께 보내는 시간이었어요. 하지만 동생 지현이는 생각이 달랐습니다. 엄마가 일을 해도 다른 가족들과 동물들, 그리고 친구들이 있어서 외롭지 않았습니다. 오빠와 같이 엄마 직장에 구경도 가고, 주말에는 엄마와 시간을 함께 보내기도 했고요. 물론 수현이도 박사 학위까지 따고 전문직으로 일하는 엄마가 대단하다고 생각했습니다. 하지만 수현이가 엄마에게 느끼는 서운함은 사라지지 않았습니다. 수현이는 전업맘의 인생이 심심하고 후회스러울 것이라고 예상하면서도 아들의 입장에서 워킹맘인 엄마가 부족하다고 생각하고 있었습니다.

3

슈퍼우먼이 넘치는 사회

*

슈퍼히어로의 눈물

배트맨, 스파이더맨, 슈퍼맨, 엑스맨, 원더우먼……. 초인적인 능력으로 지구를 구하는 슈퍼히어로를 만나 보고 싶나요? 슈퍼히어로는 만화와 영화에나 등장하는 가공인물이기 때문에 만날 수 없다고요? 그렇지 않아요. 우리 주변 어디에나 '슈퍼우먼'이 있답니다. 여러분 집에 있을 수도 있고요. 바로 직장에 다니는 엄마, 곧 워킹맘이 슈퍼우먼이에요. 워킹맘은 직장에서 퇴근하고 집에 오면 새로운 직장에 출근해서 다시 일하는 것과 다름없는 삶을 살고 있습니다. 하나도 하기 어려운 직장일과 집안일 둘 다를 해내는 대단한 모습에 워킹맘들은 슈퍼우먼이라고 불립니다.

이렇게 슈퍼우먼이 넘치는 이유는 우리 사회가 엄마들에게 슈퍼우먼이 되기를 요구하기 때문입니다. 엄마들이 직장에 나가기 위해서는 엄마 역할에 부족함이 없도록 다양한 조치를 취해 놔야 합니다. 하지만 친할머니나 외할머니, 또는 가사 도우미가 양육과 가사를 대신 맡아 주더라도 그 책임은 온전히 엄마에게 있습니다. 엄마 역할이 커지면서 누구도 엄마를 대신할 수 없다는 생각이 자리 잡았기 때문입니다. 이는 누구나 아이를 낳으면 자연스럽게 엄마가 되었던 과거와 달리 특별한 '엄마의 자격'이 생겼다는 사실을 의미합니다. 더욱이 오늘날 엄마는 하나의 직업으로 인식될 정도로 다양한 분야의 전문성을 필요로 하고 있습니다. 이제 아이가 아파도, 성적이 좋지 않아도, 학교생활에 잘 적응하지 못해도 전문성이 부족한 엄마의 책임이 되는 것입니다.

이러한 상황에서 일하는 엄마들은 슈퍼우먼 역할이 즐겁지 않습니다. 워킹맘은 '돈 몇 푼 더 벌겠다'고 또는 '자기만족을 위한다'고 자식에게 소홀하다는 비난을 들을까 봐 두렵습니다. 워킹맘에게 돌봄의 책임을 전가하고 전업맘을 기준으로 워킹맘을 평가하는 문화 때문입니다. 워킹맘 스스로도 시간과 노력을 온통 아이에게 쏟는 전업맘과 자신을 비교하며 미안함과 죄책감을 느끼는 경우도 많습니다. 하루 종일 아이와 함께 있을 수 있는 전업맘과 달리 워킹맘은 출근할 때마다 "엄마, 가지 마!" 하고 대성통곡하는 어린아이를 떼어 놔야 합니다. 퇴근 후 돌아온 엄마한테서 떨어질 줄 모르는 아이를 보면 마음이 아픕니다. 아이가 학교에 다니면 사교육을 시키고 싶지 않아도 엄마가 퇴근할 시간까지 학원에 보내거나 과외를 시켜야 합니다. 엄마는 아이가 간식은 잘 챙겨 먹었는지, 학원에는 빠지지 않았는지 걱정이 됩니다. 아이가 아프거나 입원이라도 하면 옆에서 병간호를 해 주지 못해 불안하고, '이렇게까지 일을 해야 하나?' 싶은 회의가 몰려옵니다.

타인의 비난과 스스로가 느끼는 죄책감 때문에 워킹맘들은 신체적인 고통과 정신적인 한계 상황으로 자신을 몰아가게 됩니다. 결국 직장일과 집안일을 모두 완벽하게 해서 누구에게도 책잡히지 말아야 한다는 강박으로 인해 슈퍼우먼 콤플렉스에 빠지기도 합니다. 직장에서는 "애 엄마라서 정신이 딴 데 팔려 있어.", "애 엄마라서 야근 안 하려고 꾀를 피워.", "남편이 돈 많이 버는데 집에 있으면 심심하니까 대충 일하는 거야.", "출산하고 났더니 기억력이 나빠졌어." 등등 편견이 가득한 비판을 듣지 않기 위해 누구보다 열심히 일합니다. 집에서는 직장에서 일하느라 하지 못한 엄마, 아내, 며느리 노릇을 하느라 바쁩니다. 특히 여러분에게 '엄마의 빈자리'를 조금이라도 덜 느끼게 해 주고 싶은 마음에 퇴근 후 피곤한 몸을 쉬지도 못합니다. 직장에서 힘들었던 일이나 가정에서 힘들었던 일을 하소연하기도 어렵습니다. 직장이 힘들다고 하면 "그러니까 사표 내."라고 할 것 같고, 가정이 힘들다고 하면 "저러니 일의 전문성이 떨어지지."라는 뒷담화를 들을 것 같습니다. 이렇게 하나도 하기 어려운 직장인과 엄마라는 두 가지 역할을 동시에 완벽하게 하려다 보니 몸에 무리가 올 뿐 아니라 정신적인 스트레스도 감당하기 벅찹니다. 특히 열심히 노력했는데도 직장에서 좋은 평가를 받지 못하거나 아이의 성적이 좋지 않을 때 심한 좌절감과 자책감을 느끼게 됩니다.

*

가족과 사회가 함께 돌보자

그렇다면 직장과 집안일을 병행하느라 몸도 마음도 지쳐 가는 엄마가 어떻게 행복해질 수 있을까요? 돌봄은 온전히 엄마 몫이고 다른 누구도 엄마의 빈자리를 채울 수 없다는 인식이 엄마에게 슈퍼우먼이 되라고 강요하고 있습니다. 하지만 돌봄은 엄마 혼자만의 문제가 아니라 가족 모두, 나아가 우리 사회 전체의 문제입니다.

'돌봄을 가족과 사회가 함께 나눠야 한다'는 명제는 '엄마가 힘드니까 가족과 사회가 도와주자'는 의미가 아닙니다. 여러분이 짐작하다시피 돌봄 문제는 가족 및 사회와 촘촘히 연결돼 있습니다. 아빠는 일하느라 바쁘고 방법을 모른다는 이유로 돌봄에 참여하지 않다 보면 가족으로부터 소외감을 느낍니다. 할머니는 일하는 딸이나 며느리 대신 아이를 돌보느라 골병이 들고요. 여러분은 아빠가 자신에게 무관심하다는 생각에 아빠에게 거리감을 느끼고, 한편으로는 엄마를 전업맘과 비교하면서 상대적인 박탈감을 느낍니다. 회사는 애써 일을 가르친 여성 직원이 결혼, 임신, 출산, 양육을 이유로 퇴사했을 때 큰 손실을 보게 됩니다. 이러한 회사의 손실을 국가 차원에서 생각해 보면 엄청나겠죠. 2011년 여성의 대학 진학률은 75%로 남성의 70.2%보다 높았습니다. 하지만 지난 10년간 여성 경제 활동 참가율은 49% 수준에서 정체되어 있는 상황입니다. 세계에서 가장 높은 수준의 교육을 받고 있는 한국 여성들의 취업률이 매우 낮은 것은 대학을 졸업하기까지 들어간 비용과 시간과 노력이 낭비되고 있다는 사실을 의미합니다. 이는 여성이 일과 가정을 양립하기 어려운 현실 때문에 한국이 세계 제1의 저출산 국가가 된 상황과 연결됩니다.

그런데 여기에서 우리가 생각해 봐야 할 지점이 있습니다. 가족과 사회가 내키건 내키지 않건 간에 엄마에게 부여된 책임을 나누고자 하는 경우가 매우 한정되어 있다는 사실입니다. 가족과 사회는 대부분 엄마가 '가족'을 위해서 일을 할 때만 허용적인 태도를 보입니다. 이를테면 아빠 혼자서는 생활비와 교육비를 감당하기 어려운 형편일 때 엄마가 일하는 것은 선택이 아니라 불가피한 상황이 됩니다. 이런 경우 엄마가 가족을 위해 일하고 있으니 가족들도 엄마를 도와야 한다는 일종의 '교환'이 성립합니다. 하지만 아빠가 돈을 꽤 잘 벌어서 엄마가 반드시 돈을 벌 필요가 없는 경우, 또는 아이가 어리거나 여럿이어서 엄마가 돈을 벌어 와도 양육비로 다 없어져 버리는 경우라면 엄마가 일하는 것을 굉장히 좋지 않은 시선으로 바라봅니다.

그러나 여러분들도 잘 알고 있듯이 일은 단순히 돈을 버는 수단에만 그치지 않습니다. 사람들은 돈을 벌기 위해서뿐만 아니라 인간관계 형성, 자신의 발견과 발전, 사회적 인정과 성취 등 여러 가지를 위해서 일을 하잖아요. 그럼에도 우리 사회는 유독 엄마들에게 가족을 위해서, 곧 경제적인 필요가 있을 때만 일을 하라고 요구합니다. 이로 인해 많은 여성들이 아내와 엄마 외에 자신의 꿈을 실현할 수 있는 기회를 놓치고 있습니다.

EBS 김광호 PD는 모성에 관한 다큐멘터리를 제작하면서 아이 때문에 힘들어하는 엄마들을 많이 만났다고 합니다. 약 4,000명의 엄마를 대상으로 조사한 연구에 따르면 엄마들의 일상 활동 중 가장 큰 행복과 가장 큰 부담이 모두 '양육'으로 나타났습니다. 아기를 출산한 후 키우기가 너무 힘들어서, 또는 아이를 기르다 보니 자신의 인생은 없고 엄마와 아내라는 이름밖에 없는 것 같아서 우울증에 걸리는 엄마들도 적지 않습니다. 그만큼 양육은 큰 기쁨임과 동시에 굉장히 힘든 일인 것이죠. 따라서 아빠를 비롯한 가족들과 사회가 집안일과 돌봄을 함께 나눈다면 엄마의 양육 경험에서 행복이 차지하는 비중이 늘어날 것입니다. 또한 엄마와 아내로서의 삶 외에 자신의 꿈을 좇을 수 있다면 엄마는 더욱 행복해질 것입니다. 아이에게 미치는 엄마의 영향력이 날로 커지고 있는 오늘날, 엄마가 행복해야 아이도 행복하다는 단순한 진리를 여러분이 적극적으로 탐험해 보기를 권합니다.

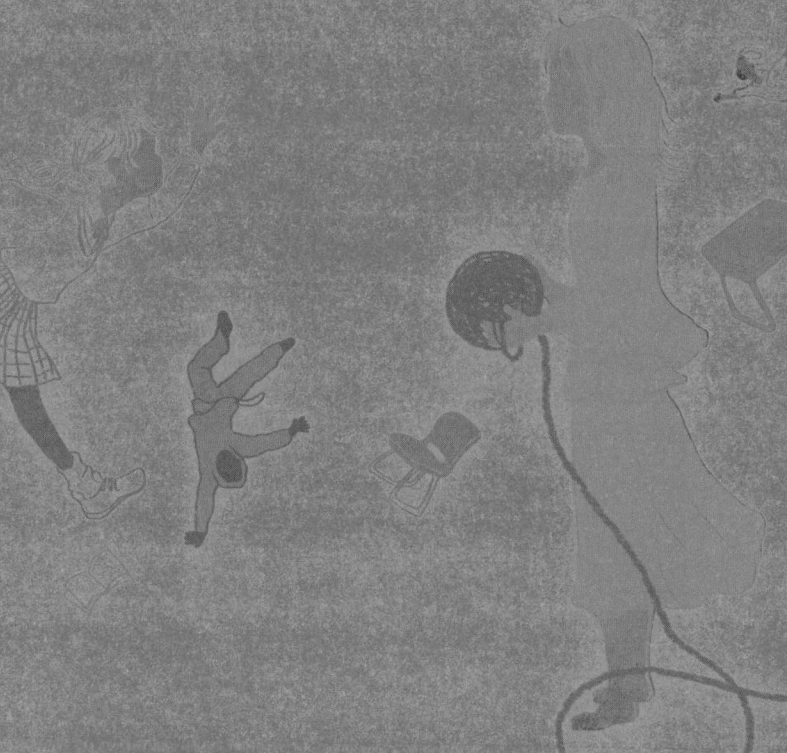

3장

아빠와
엄마

1

아빠는 투명인간?

*

아빠! 힘내세요, 우리가 있잖아요~

"아빠! 힘내세요, 우리가 있잖아요— 아빠! 힘내세요, 우리가 있어요—" 여러분에게도 익숙한 노래죠? 사실 이 노래는 「아빠 힘내세요」라는 동요의 끝 부분이랍니다. 1997년 MBC 창작동요제 입상작으로 2004년에 신용 카드 광고에 사용되면서 선풍적인 인기를 끌었습니다. 2010년에는 초등학교 도덕 교과서에 실리기도 했고요. 동요 전체 가사를 한번 볼까요? "딩동댕 초인종 소리에 / 얼른 문을 열었더니 / 그토록 기다리던 아빠가 / 문 앞에 서 계셨죠 / 너무나 반가워 웃으며 / '아빠' 하고 불렀는데 / 어쩐지 아빠의 얼굴이 / 우울해 보이네요 / 무슨 일이 생겼나요 / 무슨 걱정 있나요 / 마음대로 안 되는 일 / 오늘 있었나요 / 아빠! 힘내세요 / 우리가 있잖아요— / 아빠! 힘내세요 / 우리가 있어요─/ 힘내세요, 아빠!" 한 아이가 퇴근하고 집에 돌아온 아빠의 얼굴이 어두워 보여 아빠를 걱정하며 응원하고 있네요.

이 동요가 등장한 1997년은 우리나라가 IMF 외환위기로 아주 많이 힘들었던 시기입니다. IMF 외환위기란 한국이 해외에 진 빚을 갚지 못해 부도가 날 위기에 처하자 IMF, 즉 국제통화기금으로부터 돈을 빌린 일을 말합니다. 한국은 돈을 빨리 갚기 위해 생산 비용을 줄인다는 이유로 노동자들을 대거 해고하고, 임금이 적고 불안정한 비정규직이라는 일자리를 대량으로 만들어 냈습니다. 많은 아빠들이 실직자가 되거나 비정규직 노동자가 되어야 했습니다. 작곡가 한수성 선생님과 작사가 권연순 선생님도 그 무렵 경제적으로 어려운 상황을 겪으면서 이 동요를 만들게 되었다고 해요. 아이들보다 아빠들을 위한 것이었죠. 실제로 많은 아빠들이 위안을 얻었고요.

이 동요가 인기를 끌면서 반전 만화도 등장했어요. 만화에서 아빠는 직장에서 시달리다 집에 돌아와 막 소파에 앉았습니다. 직장에서의 비인간적인 대우에 질려 회사를 그만두고 싶습니다. 자신이 누구를 위해 이렇게 고생을 하는지 회의가 몰려옵니다. 그때 아내와 아이들이 등장해 "아빠! 힘내세요, 우리가 있잖아요─"라며 천진하게 노래를 부릅니다. 아빠는 자신이 고생하는 이유가 아내와 아이들 때문이라며 멱살을 잡습니다.

동요에서 아빠는 가족들로부터 위로를 얻고, 만화에서 아빠는 가족들을 원망하고 있습니다. 하지만 둘 다 아빠를 가족의 '생계 부양자' 로 표현하고 있다는 것이 공통점입니다. 아빠는 가족들을 부양해야 한다는 부담감이 큽니다. 자기가 번 돈을 혼자 쓴다면 '어떻게든 되겠지.' 하는 마음으로 사표를 낼 수도 있고, 월급이 적더라도 인간적인 대우를 해 주는 곳으로 이직을 생각해 볼 수도 있습니다. 하지만 당장 가족들의 생활비와 아이의 교육비를 생각하면 직장을 그만둘 수 없습니다. 물론 요즘은 아빠 혼자서 돈을 버는 홑벌이 가정(42.3%)보다 엄마와 함께 돈을 버는 맞벌이 가정(43.5%)이 더 많지만, 여전히 아빠는 가족들의 생계 부양자라는 인식이 팽배합니다. 맞벌이 가정이라 하더라도 일반적으로 엄마의 월급이 아빠보다 적어 엄마가 번 돈은 '가정의 부수입'으로 간주됩니다. 게다가 안정적인 일자리가 많지 않아서 아빠나 엄마나 언제 해고를 당할지 불안합니다. 이러한 사회적 현실과 아빠가 '가장'이라는 전통적인 인식이 결합되면서 아빠가 느끼는 책임감과 부담감도 증가하고 있습니다.

*

아빠의 자리가 사라져 버렸다!

문제는 이렇게 아빠가 가족들을 위해 돈을 버는 동안 가정에서 아빠의 자리가 사라지고 있다는 사실입니다. 다양한 장르에서 묘사되는 아빠의 모습에서 오늘날 아빠의 상황을 짐작해 볼 수 있습니다. 먼저 젊은 아빠의 모습입니다. 초등학교 2학년 학생이 썼다는 시예요. "엄마가 있어서 좋다／나를 예뻐해 주서서／냉장고가 있어서 좋다／나에게 먹을 것을 주어서／강아지가 있어서 좋다／나랑 놀아 주어서／아빠는 왜 있는지 모르겠다." 다음으로 중년 아빠의 모습입니다. 2012년 제작된 KT의 LTE 와프 광고예요. "아빠 왔다."는 소리에 아들은 "오셨어요."라고 인사하지만 정작 아빠를 반갑게 맞이하는 건 강아지뿐이에요. 하지만 택배 아저씨의 "택뱁니다."라는 소리에 아들과 엄마는 "앗싸―"라는 환호성을 지르며 바람처럼 달려 나옵니다. 마지막으로 노년 아빠의 모습입니다. 난센스 퀴즈인데요. 여러분도 한번 맞혀 보세요. 이사를 할 때 아빠는 엄마가 아끼는 강아지나 도자기를 꼭 끌어안고 트럭에 앉아 있습니다. 이유가 뭘까요? 정답은 '엄마가 아빠를 데리고 가도록 하기 위해서'입니다.

위의 세 사례는 가족들과 잘 어울리지 못하는 아빠의 모습을 희화화하고 있지만, 그냥 웃어넘기기에는 어딘지 마음 한구석이 씁쓸합니다. 셋 다 가정에서 아빠의 역할은 '돈을 벌어 오는 것' 밖에 없다고 말하고 있습니다. 아빠는 가족들을 위해 밤낮으로 고생하며 돈을 벌지만 정작 가족들 사이에서 소외감을 느낍니다. 돈 버느라 바쁘고 피곤해서, 또는 어떻게 어울려야 할지를 몰라서, 또는 자신의 역할을 다했다고 생각해 가족들과 솔직한 대화 한 번 나누지 못하기 때문입니다.

아이들의 고민은커녕 나이와 학년조차 헷갈려 하는 아빠들도 있습니다. 이렇게 아빠와 교류가 없기 때문에 아빠가 돈을 벌어 온다는 사실을 모르는 초등학교 2학년 아이는 아빠와 왜 함께 사는지 의아해합니다. 또한 돈을 벌어 오는 중년 아빠는 가족이 반기지 않아도 집에 들어올 수 있지만, 돈을 벌지 못하는 노년 아빠는 이사를 계기로 홀로 남겨지게 됩니다.

*

인간적으로 알 수 없는 아빠

오늘날 사회가 많이 변했다고는 하지만, 많은 아빠들이 여전히 가족들과 잘 어울리지 못합니다. 아빠가 아이들과 함께 시간을 보내지도 않고 대화도 나누지 않으면서 아빠와 아이들과의 거리는 멀어져만 갑니다. 이로 인해 아이들이 아빠와 엄마에게 느끼는 친밀감의 차이는 더욱 커지고 있습니다.

태민이도 자신과 가족에 대한 이야기를 하면서 유독 아빠에 대한 이야기는 거의 하지 않았어요.

태민이네 가족은 아빠, 엄마, 누나 둘이지만 태민이에게 아빠는 투명 인간과 같은 존재입니다.

Q 이야기를 듣다 보니까 아빠는 좀 집에서 부재하는 느낌이 드는데요?

태민 아빠……. 아빠한테 느끼는 건 별로 없는 거 같아요. 얘기하는 게 아예 없어요, 거의. 지금까지 전부 합쳐도 한 시간도 안 될걸요. 진짜 얘기 안 해요, 진짜로. 그냥 가다가 아니, 일 년에 한 번도 안 할걸요. 한두 번? 그런데 그게 짧아요, 한 십 분? 안 할 때도 있고, 거의. 아빠가 늦게 오시니까 어쩔 수 없어요. 그리고 아빠랑 놀 시간이 없어요. 아빠랑 논 적이 거의 없어요. 제가 살아오면서 두 번 놀았나? 한 번 놀았나? 그래서 아빠랑 논 기억이 없어요. 거의 없을걸요. 한…… 세 번 놀았나? 맞을걸요. 놀이공원 한 번 갔고, 가족끼리 여행 갔고. 아빠랑 영화 본 적은 있나? 없을걸요. 아빠랑 논 게 두 번일걸요. 그래서 아빠를 전 잘 모르겠어요. 엄마는 알겠는데. 음…… 네.

Q 엄마한테는 그런 것들이 서운하다는 생각을 했던 거 같은데 아빠한테는 안 하는 거 같아요.

태민 그런 생각마저 없어요, 그냥. 아빠는 원래부터 그랬으니까 서운한 것도 없고. 키워 주니까 고마운 거밖에 없을걸요.

태민이네는 가정 형편이 어려워서 태민이가 태어나기 전부터 엄마와 아빠가 함께 가게를 운영하셨습니다. 그래서 태민이가 어렸을 때는 엄마 친구가 맡아 주었고, 어린이집에 다닐 때부터는 누나들이 돌봐 주었어요. 태민이는 가정 형편 때문에 일을 해야 하는 엄마를 이해하면서도 서운한 마음을 가지고 있었습니다. 하지만 아빠에게는 그런 서운한 감정이 없었어요. 태민이가 엄마 아빠에게 기대하는 바가 달라서일 수도 있지만, 그보다는 아빠와 거의 교류가 없었기 때문입니다. 아빠는 일하느라 바빠서 얼굴 보기도 힘들었고, 집에 돌아올 때는 술에 취해 있곤 했어요. 술에 취한 아빠는 딴사람 같았어요. 태민이는 아빠가 힘들고 속상해서 술을 마신다고 생각하면서도 그런 아빠가 낯설기만 했습니다. 술을 마시지 않은 아빠와 가끔 만나기도 했지만 오랜만에 만나니 마땅히 할 일도, 할 얘기도 없었어요. 이런 상태가 지속되면서 태민이는 아빠와 언제 시간을 보냈는지조차 기억이 나지 않았습니다. 태민이에게 아빠는 낳아 주고 길러 주신 고마운 분이지만, 인간적으로는 어떤 사람인지 알 수 없는 분이었어요.

*

왕따 아빠, 딸바보 아빠로 변신!

이처럼 희미한 아빠의 존재는 『아빠는 현금 인출기가 아니야』라는 책에도 담겨 있어요. 현대 자동차는 한국에서 손꼽히는 대기업이죠. 하지만 현대 자동차에서 일하는 아빠들은 주야 맞교대를 하면서 하루에 10시간 이상 일을 합니다. 퇴근하면 잠에 곯아떨어지거나 스트레스를 풀기 위해 술을 마시고요. 말 그대로 '잠·일·술 세대'인 것이죠. 잠과 일과 술이 전부인 삶을 사느라 가족들과 어울리지 못해 아빠는 가족들에게 왕따를 당합니다. 현대 자동차 공장이 울산에 있는데요. 울산 지역 유치원에 다니는 어린이들이 그린 가족 그림에는 대부분 아빠가 아주 작게 그려져 있거나 아예 없다고 해요.

이러한 상황은 비단 현대 자동차에 다니는 아빠들에게만 국한되지 않습니다. 여성가족부와 통계청이 발표한 2012년 청소년 통계에 따르면, 매일 아버지와 대화하는 시간이 30분 미만이라고 답한 청소년의 비율이 42.1%로 가장 많았습니다. 전혀 대화를 하지 않는다는 대답도 6.8%에 달했고요. 반면 어머니와는 절반가량이 하루 평균 한 시간 이상 대화한다고 답했고, 30분 미만이라는 대답은 22.4%에 그쳤습니다. 이러한 현실은 OECD 국가 중에서 가장 긴 노동 시간과 밀접한 관련이 있어요. 2012년 OECD 조사 결과 한국의 연간 노동 시간은 2,193시간으로 OECD 36개국 평균인 연간 1,749시간보다 약 450시간이 더 많았습니다. 아빠가 가족들과 함께 시간을 보내고 싶어도 일하느라 몸도 마음도 지쳐 버리는 겁니다.

같이 살지만 같이 산다고 말할 수 없는 상황은 가족들뿐만 아니라 아빠 자신도 원하지 않습니다. 몸과 마음이 힘들어도 가족들과 어울리기 위해 노력하는 아빠들이 점점 많아지고 있고, 딸바보 아들바보 아빠들도 어렵지 않게 찾아볼 수 있지요. 우리에게 익숙한 아빠는, 아이를 사랑하면서도 어떻게 애정 표현을 해야 할지 몰라서, 또는 아빠는 권위적이어야 한다는 인습 때문에 아이와 어색하기만 한 모습이죠. 그런데 딸바보 아들바보 아빠들은 자기 아이에 대한 사랑을 거침없이 표현합니다.

2013년에 MBC에서 방영한 『일밤―아빠! 어디 가?』라는 프로그램은 아빠와 아이가 엄마 없이 1박 2일 동안 여행하는 모습을 담았어요. 아빠들은 여섯 살부터 아홉 살까지인 아이들을 씻기고 입히고 먹이고 달래고 놀아 주고 재우는 등 평소에 엄마가 도맡은 덕에 자신은 잘 하지 않았던 일을 하느라 좌충우돌이었죠. 그런데 다섯 아빠 중에서 유일하게 딸과 출연한 전직 축구선수 송종국 아저씨는 다른 아빠들과 달리 양육에 꽤 익숙한 모습이었어요. 송종국 아저씨가 지독한 딸바보였거든요. 밤에 늦게 귀가해 가족들이 다 자고 있을 때도 큰딸 지아만 안고 나와서 같이 잘 정도로 지아를 예뻐한대요. 한번은 마을 회관에 준비된 음식을 선착순으로 가져가 아침을 차려 주는 미션이 있었어요. 알람 소리에 벌떡 일어난 송종국 아저씨는 지아가 먹고 싶어하는 음식이 있다며 한겨울 살을 에는 추위에도 한참을 달려서 제일 먼저 마을 회관에 도착했어요. 정성스레 준비한 아침을 지아가 맛있게 먹으며 "최고!"라고 엄지손가락을 치켜들자 송종국 아저씨는 기뻐서 어쩔 줄을 몰랐답니다.

자상한 아빤데 싫을 때가 많아

이렇게 딸바보 아들바보 아빠들이 늘고 있지만, 권위적이었던 아빠가 가정적인 아빠로 변하는 과정에서 시행착오도 생겨나고 있습니다.

지수의 아빠는 다른 아빠들과 달리 굉장히 자상하고 섬세한 분이에요. 지수는 그런 아빠가 고마웠지만 한편으로 아빠와 소통이 되지 않아 힘들어하고 있었습니다.

지수 제가(웃음) 엄마를 더 좋아하는 것 같아요. 그러니까 아빠가 좀 더 가정적이신 것 같아요. 자상하다면 되게 자상한데, 신경 많이 써 주시거든요. 쇼핑에 되게 관심도 많고 그렇거든요. 엄마보다도 더 많아요. 그래서 막 하나하나에 대해 신경을 많이 써 주시니까, 그게 너무 싫을 때가 많은 거예요. 대충 넘어가 줄수도 있는 건데, 자상하면서도 이런 거는 되게 세세하고 까다로워서. 그리고 혼낼 때도 옛날에 있었던 일 다 꺼내서 얘기하고. 그러니까 아빠가 버르장머리 없는 거 되게 싫어해요. 그래서 말이 안 통해요. 혼낼 때도 아빠, 자기는 성격 안 고치려고 하면서 저한테 막 말도 못 하게 하는데, 거기에 대해서 말하면 더 얘기 길어지고 더 혼나는 거예요. 무슨 말도 못 하고. 솔직히 저도 부모님한테 하고 싶은 말 많지만 아빠한테는 못 해요. 아빠한테 하면 화가 누그러지거나 뭐 그런 게 없는데 엄마는 다 받아 주세요. 막 속상해서 울면서 소리 높여 가면서 제가 제 얘기

다 해도 엄마는 그냥 다 들어 주고 그러는데, 아빠한테 혼날 때 제가 소리 지르면서 똑같이 하면 아빠는 엄청 화내요. 그래서 엄청 심해져요, 점점. 가끔, 진짜 가끔 싸우거든요, 아빠랑. 그럴 때, 아, 진짜 너무 짜증 나요. 저는 하고 싶은 말 다 못 하는데 아빠는 다 하고, 제가 하고 싶은 얘기를 해도 거기에 다른 얘기를 또 해요. 무슨 얘기를 해도 받아 주는 게 없고 그런 것 같아요, 제 생각에는. 그래서 그냥 엄마가 더 편해요.

택시 기사인 아빠는 하나뿐인 딸 지수를 애지중지했어요. 택시 운전을 하다가도 하교 시간이 되면 학교로 데리러 왔고, 엄마가 출근을 하면 지수 밥도 차려 주었어요. 엄마가 아이들의 등하교 운전기사가 되어야 하고 아빠는 부엌에 발도 들여놓지 않는 보통 가정하고는 매우 다르죠. 지수가 느끼기에 아빠는 엄마보다 더 가정적이었어요. 하지만 아빠의 가정적이고 섬세한 성격이 지수는 부담스러웠습니다. 아빠가 자상하고 꼼꼼한 정도를 넘어 까다롭고 간섭이 심하다고 느끼고

있었어요.

지수가 아빠에게 갖고 있는 불만은 지수와 아빠의 의견이 다를 때 극에 달했습니다. 언쟁이 있을 때마다 아빠는 지수의 이야기를 들으려고도 하지 않고 당신 말만 계속했어요. 언쟁이란 양쪽의 입장이 달라서 생기기 때문에 지수는 아빠에게 자신의 생각과 감정을 얘기하고 싶었습니다. 하지만 아빠는 지수가 자기 이야기를 하려고 할 때마다 '버르장머리 없는' 행동이라고 생각해 굉장히 화를 내곤 했어요. 지수는 아빠와 '대화'를 하려고 했지만, 아빠는 지수가 '말대답'을 한다고 생각했던 것이지요. 지수는 자신의 입장을 얘기하는 것이 오히려 아빠의 화를 돋우고 일방적으로 혼나는 시간만 길어진다는 사실을 깨달았습니다. 하지만 아빠와 달리 엄마는 지수의 말을 잘 들어 주었어요. 지수가 속상해서 울거나 목소리가 커질 때도 엄마는 버릇없다고 화를 내기보다 지수의 행동을 받아 주었습니다. 그래서 지수는 아빠보다 엄마가 더 좋고 편했어요.

*

왜 아빠와 소통이 어려울까

여러분 중에는 아빠와 소통이 잘되는 사이도 분명히 있지만, 서먹한 사이가 훨씬 많을 거예요. 아빠는 밖에서 돈을 벌어 오고 엄마는 집에서 살림하는 전통적인 가정 내 성별 분업은 양육에도 적용되었는데요. 엄부자모(嚴父慈母)라고 엄한 아빠와 자상한 엄마가 일반적인 모습이었습니다. 아빠는 강하고 차갑게, 엄마는 부드럽고 따뜻하게 아이들을 대하도록 권장되었습니다. 이는 남자와 여자에게 다르게 기대되는 성 역할과 연관됩니다.

가족들의 생계 부양자로서 아빠는 가정의 우두머리로 군림했습니다. 가족들의 우두머리인 아빠는 권력과 권위를 지니고 있었지요. 아내는 하늘처럼 남편을 모셔야 했고, 아이들은 아빠를 무서워했습니다. 아빠의 말 한마디는 마치 법과 같아서 반드시 지켜야 했어요. 특히 효를 무엇보다 중시한 유교 문화로 인해 아이가 아빠 말을 거역하는 것은 굉장한 불효로 간주되었습니다.

이러한 아빠의 절대적인 지위는 역설적으로 아빠와 가족들의 소통을 어렵게 만들었습니다. 아빠는 가정의 기준으로서 언제나 강하고 흔들림 없는 모습을 보여야 권위가 선다고 생각해서 아이와 자신의 의견이 다를 때 자신의 의견을 따를 것을 요구했습니다. 또한 자신이

성 역할

성 역할이란 남성과 여성이 신체, 심리, 사회적으로 뚜렷한 차이가 있다는 전제하에 남성과 여성에게 부여된 역할을 의미합니다. 이를테면 '남자는 적극적이고 이성적이고 수학을 잘하고 리더십이 강하다', '여자는 수동적이고 감정적이고 언어를 잘하고 다른 사람을 잘 돌본다' 등의 사회적 믿음에 따라 '남자에게 적합한 일'과 '여자에게 적합한 일'이 구별됩니다. 특히 남자와 여자는 서로 반대되는 특성을 가지고 있는 것으로 간주되어 성별에 따라 일을 나누는 것이 효율적이라는 '성별 분업' 논리가 구축되어 있습니다. 오늘날처럼 여성의 사회 진출이 활발한 판국에 남자 일, 여자 일이 어디 있냐고요? 그런데 그렇지가 않아요. 심지어 전문직에서도 성별에 따라 다른 일을 하고 있답니다. 한국여성민우회 미디어운동본부가 2012년에 지상파의 메인 뉴스 프로그램을 모니터링한 결과, 일반적으로 남자 앵커가 오프닝 멘트를 할 뿐 아니라 정치, 경제, 과학 분야를 담당하고, 여자 앵커는 문화, 사회 분야를 담당하는 것으로 나타났습니다. 이처럼 뉴스 진행이라는 같은 일을 하더라도 성별에 따라 전통적으로 남성의 영역으로 여겨지는 분야와 여성의 영역으로 여겨지는 분야를 각각 담당하고 있는 것입니다. 게다가 남자 앵커는 중후한 중년의 남성이 대부분인 반면 여자 앵커는 젊고 예쁘고 날씬한 여성이 대부분이죠. 우리 사회에서 대표적인 전문직으로 꼽히는 앵커라는 직업에도 이러한 성 역할이 여전히 강하게 존재하고 있습니다.

실수를 했거나 생각이 바뀌어도 그것을 인정할 수가 없었죠. 이런 모습으로 인해 가족들은 아빠와의 대화가 상호 소통이 아닌 일방적인 명령과 훈계이며, 자존심 때문에 억지를 부린다고 느끼는 경우가 많

있습니다. 반면에 권위가 없는 엄마는 엄한 아빠와 달리 수용적인 태도를 보일 수 있었습니다. 아이들의 어리광을 받아 주거나 이야기를 들어 주는 것도 어렵지 않았습니다. 오히려 그렇게 하지 않으면 '좋은 엄마' 소리를 들을 수 없었죠. 이러한 극단적인 차이는 아빠는 자식보다 자신을 기준으로 삼아야 했고, 엄마는 자신보다 자식을 기준으로 삼아야 했던 전통적인 성 역할의 결과인 것입니다.

2

엄마가 나랑 친해진 비결

*

엄마랑 아빠는 생물학적으로 다르다?

그렇다면 엄마와 아빠의 성 역할 차이는 왜 생겨났을까요? 여러 가지 원인이 있지만 가장 직접적인 원인은 생물학적인 성차입니다. 임신, 출산, 모유 수유를 여자만 할 수 있기 때문에 엄마가 양육을 하는 것이 자연스럽고, 이런 생물학적인 능력이 없는 아빠는 양육에 적합하지 않다고 생각하는 사람들이 대부분입니다.

하지만 이런 일을 엄마 혼자 하기란 힘듭니다. 임신 초기에는 안정될 때까지 조심해야 하고, 입덧이 심한 엄마들은 음식 냄새도 맡지 못해요. 뱃속 아기가 자랄수록 소화도 안 되고 허리도 아프고 몸도 붓고 다리도 저리답니다. 자연 분만을 하기 위해 부지런히 운동을 하고 호흡법도 배워야 하고요. 출산 예정일이 다가오면 엄마는 드디어 아기를 만난다는 설렘과 함께 출산에 대한 무서움도 커집니다. 의료 기술이 많이 발달했지만 출산은 여전히 위험하기 때문이죠. 죽을 만큼 아픈 고통을 겪으며 아이를 낳은 후에는 모유 수유가 기다리고 있어요. 모유 수유 동안에는 가슴이 뭉치는 젖몸살이 생기기도 하고 젖꼭지가 헐기도 해요. 물론 잠은 거의 자지 못하고요.

정치인 강상구 아저씨는 아들 미루가 태어나자 주위의 반대를 무릅쓰고 1년간 육아 휴직을 했어요. 초보 아빠로서 미루를 키우면서 좌충우돌한 1년간의 육아 체험담을 블로그에 올려 화제가 되었고, 이 이야기는 『내 생애 가장 아름다운 365일』이라는 제목으로 출판도 되었답니다. 강상구 아저씨는 애를 키우는 데 최소 세 사람이 필요하다고 말합니다. 1번 선수는 애를 먹여야 하는데, 모유 수유를 한다면 산모가 맡게 되겠죠. 한 시간 혹은 3,40분마다 젖을 물려야 하기 때문에 산모는 모유 수유 외에 다른 일을 할 여유가 없습니다. 2번 선수는 가사노동을 해야 합니다. 식사 준비, 설거지, 빨래, 청소, 장보기 등등 주부가 매일 하는 일들을 해야 하죠. 3번 선수는 아이와 산모를 챙겨 줘야 합니다. 하루에 트럭 한 대분의 기저귀를 갈아 주고 목욕시키고 재우면서, 모유 수유하느라 밥 먹을 틈도 없고 잠도 못 자는 산모도 돌봐 줘야 합니다.

이처럼 임신, 출산, 모유 수유 등은 절대 혼자 할 수 있는 일이 아니랍니다. 강상구 아저씨도 육아 휴직을 해서 온전히 육아에 참여하지 않았다면 이렇게 육아가 힘들다는 사실을 절감하지 못했을 거예요. 하지만 강상구 아저씨처럼 1년 동안 육아 휴직을 하고 도와주려는 마음을 먹는 아빠도 거의 없고, 설사 도와주고 싶다 하더라도 육아 휴직을 낼 수 있는 아빠들이 거의 없기 때문에 주로 외할머니나 가사 도우미가 도와주곤 합니다. 우리 사회뿐 아니라 개인도 임신부터 양육까지 엄마 또는 여자가 하는 것이 자연스럽다고 생각하기 때문입니다.

하지만 엄마도 처음부터 아기를 잘 키우는 게 아니라 눈물과 땀으로 아기를 키웁니다. 엄마는 갖은 시행착오를 거치면서 차차 아기의 의사를 파악하게 됩니다. 졸린지 배가 고픈지 실례를 했는지 아픈지 기분이 좋은지 등등 완벽하게는 아니지만 대충 짐작할 수 있게 되는 것이죠. '귀신은 속여도 엄마는 못 속인다'는 말 들어 봤지요? 원래는 '귀신은 속여도 팔자는 못 속인다'는 속담이었는데 '팔자'가 '엄마'로 바뀐 말이 속담보다 더 많이 쓰이고 있습니다. 이 말을 접했을 때 고개를 격하게 끄덕였던 친구들이 꽤 있을 거예요. 말하지 않아도 여러분의 속마음을 꿰뚫어 보는 엄마 때문에 깜짝 놀란 적이 한두 번이 아닐 텐데요. 결국 엄마가 여러분의 속마음이나 비밀을 귀신처럼 알아차리는 이유는 그만큼 사랑과 관심으로 여러분을 키웠기 때문인 것이죠.

*

엄마랑 점점 친구 같아져

고등학생인 지수는 커 갈수록 엄마와 친구처럼 되고 있대요. 엄마가 지수 마음을 잘 알아주고 이해해 주기 때문입니다.

Q   아빠랑 갈등이 있을 때, 엄마는 어떻게 중재해 주세요?

지수   그런데 엄마가 아빠를 막지는 못해요, 아빠가 화나면 너무 흥분해 가지고. 엄마가 또 얘기해도 아빠가 다 이겨 버리는 것 같아요. 그래서 제가 그런 얘기하면, 엄마도 무슨 말 하는지 안다고(웃음), 아빠 성격이 그런 걸 어떻게 하냐고 그러면서, 그것 때문에 저를 이해하는 것 같아요.

Q   그럼 엄마랑 같이 쇼핑 다니고, 뭐 먹으러 다니고 그래요?

지수   예. 음, 오히려 아빠랑은 그런 적은 없는데, 엄마랑은 영화도 자주 보고. 음, 그러니까, 제가 점점 크면서 더 그렇게 된 것 같아요. 어렸을 때는 제가 꼬마라서 안 그랬던 건지 모르겠는데, 그냥 점점 친구 같아지는 게 있어요. 점점 엄마한테 다 얘기하게 됐어요. 화장 역할이 제일 큰 것 같아요. 엄마가 화장을 이해해 줬다는 게 너무 좋아요(웃음). 솔직히 엄마 몰래 했는데 그거를 허락해 줬다는 게. 뭔가 엄마한테 숨기는 큰일이 없어진 거잖아요. 뭔가 더 가까워진 것 같고. 처음에는 엄마도 안 된다 했는데 이제는 엄마가 허락하니까 아빠도 허락하신 것 같아요. 그러니까, 마스카라를 했는데, 마스카라를 알아보신 거예요. 처음에 두세 번 걸렸어요. 그때 엄마가 아빠한테 말해 갖고 아빠한테 심하게 혼났어요. 솔직히 화장 다 하잖아요, 요즘 학생들. 그래서 중3 때 제가 다른 애들도 다 화장하는데 그냥 허락해 주면 안 되냐고 했더니, 엄마가 허락해 주셨어요. 엄마 몰래 하는 거보다 엄마 허락받는 게 더 편하잖아요.

섬세하지만 일방적인 아빠와 소통이 되지 않는 것은 엄마도 지수와 마찬가지였어요. 지수가 아빠와 싸우고 속상한 마음을 엄마에게 얘기하면 엄마는 지수가 무슨 말을 하는지 단박에 이해하고 달래 주었습니다. 엄마보다 아빠가 옷 사는 걸 좋아하지만 정작 지수는 아빠와 쇼핑을 다닌 적이 없었어요. 아빠는 아빠가 보기에 예쁜 옷을 사서 가족들에게 선물하는 게 취미였거든요. 아빠와 취향이 다를 뿐 아니라 유행에 민감한 지수에게 아빠의 취미는 난감했습니다. 아빠는 간섭하지 않는다고 하면서도 정작 사다 준 옷을 입지 않으면 "예쁜데 왜 안 입냐?"며 압력을 줬어요. 또한 지수가 옷을 살 때마다 왜 샀냐고 타박을 해서 지수는 눈치가 보였어요. 하지만 엄마와 쇼핑을 가면 사고 싶은 옷을 살 수 있었죠. 지수는 엄마와 쇼핑을 하고 영화를 보러 다니면서 엄마가 친구처럼 느껴졌습니다.

지수는 무엇보다 엄마가 화장을 허락해 주었던 것이 엄마를 가깝게 느끼게 된 큰 계기였다고 말합니다. 지수는 중학교 1학년 때부터 친구를 따라 화장을 시작했습니다. 비비크림을 조금 바르고 아이라인만 살짝 그렸는데 엄마는 바로 알아차렸어요. 엄마와 아빠는 중학생이 무슨 화장이냐며 못 하게 했습니다. 하지만 지수는 화장을 포기할 수 없었어요. 지수에게 화장은 매우 중요한 의미였으니까요. 한창 외모와 또래 문화가 중요한 시기에 화장은 외모를 가꾸는 수단일 뿐만 아니라 친구들과 어울리는 방법이었습니다. 화장을 포기할 수 없었던 지수는 할 수 없이 부모님 몰래 화장을 했어요. 부모님이 알아차릴까 봐 불안하기도 했지만, 그보다 부모님을 속이고 있다는 사실이 마음에 걸렸습니다. 결국 중학교 3학년 때 엄마가 화장을 허락해 주자 지수는 뛸 듯이 기뻤습니다. 엄마의 허락은 화장이 지수에게 의미하는 바를 이해한다는 뜻뿐만 아니라 지수를 믿는다는 뜻이기도 했으니까요.

세대 차이가 나는 엄마가 지수를 이해하고 믿어 줄 수 있었던 데는 같은 여성이라는 사실이 크게 작용했을 겁니다. 성인이 되어야 허용되었던 화장이 점점 어린 나이로 이동하고 있는 현실에서 여성에게 가해지는 외모 가꾸기의 압력을 엄마는 충분히 짐작할 수 있었을 테니까요. 또한 엄마 역시 십대 때 또래 문화를 경험했기 때문에 지수에게 또래 문화가 중요하다는 사실을 잘 알고 있었을 겁니다. 그리고 중학생 딸을 둔 엄마들과 소통하면서 화장이 더 이상 '비행'이 아니라는 사실을 알았을 거고요. 물론 지수와 꾸준히 소통하면서 축적된 지수에 대한 믿음이 엄마가 마음을 돌리는 데 아주 중요한 역할을 했겠죠.

이렇게 세대가 달라도 엄마는 꾸준한 소통을 통해 여러분의 문화와 고민을 어느 정도 알고 있고, 그러한 앎이 바탕이 되어 여러분을 이해할 수 있습니다. 여러분이 엄마와 함께 보내는 시간을 좋아하고 엄마를 편안해하는 것은 사실 우리 사회가 엄마에게 부여한 역할과 더불어 엄마 자신의 노력이 있었기 때문이죠. 하지만 많은 사람들이 엄마의 이런 모습을 당연하게 여기고, 여러분도 예외가 아닐지도 몰라요. 아빠가 소통에 소홀하고 일방적이라고 불평하면서도 정작 엄마에게 일방적인 태도를 취하는 경우가 많을 겁니다.

*

엄마에 대해 아는 게 없네

수현이는 엄마에 대한 인터뷰를 마치며 자신이 부모님에 대해 잘 몰랐을 뿐 아니라 아빠보다 엄마에게 신경을 덜 써서 이야기한 것 같 다는 소감을 말했습니다.

Q 내가 물어보지 않은 것들 중에서 뭔가 더 하고 싶은 말 있지 않아요?

수현 네? 음, 이렇게 따로 시간을 가져서 생각을 해 보니까 엄마도 그렇고 아 빠도 그렇고 제가 관심 없이 살았던 거 같아요. 사실 부모님 출생년도도 안 지 얼 마 안 됐어요. 아빠가 여섯 살 차이 난다고 외우라고 해서 외운 거예요. 그전까지 는 몰랐어요.

Q 엄마 아빠에게 관심을 많이 안 가졌던 거 같다고요?

수현 네, 저조차도 그렇게 안 했던 거 같아요.

Q 여기서 "이런 얘기는 안 들어갔으면 좋겠다.", "이런 말 괜히 했다." 뭐 이런 거 있어요?

수현 그냥 별로 그렇게 중요한 비밀이 없잖아요, 그죠? 중요한 게 없잖아요.

Q 부모님이 들었을 때 상처받을 만한 내용이 별로 없지 않아요?

수현 제가 너무 엄마를 신경 안 써서 말한 거 같아서, 그러니까 비슷하게 말 해야 되는데.

122

그런 생각이 들어요? 엄마한테 좀 더 그렇게 말한 거 같아요?

수현   네, 다 말하고 나니까 그래요.

수현이는 전문직으로 일하는 엄마가 전업주부 엄마들에 비해 자신에게 관심을 잘 가져 주지 않는 것 같아 불만이 많았습니다. 수현이가 어렸을 때는 엄마가 지방에서 근무하느라 떨어져 지냈고, 지금은 함께 살고 있지만 엄마는 집에 오면 피곤해 누워 있곤 했습니다. 수현이가 무언가를 알아봐 달라고 해도 엄마는 수현이에게 스스로 하라고 했습니다. 그런 엄마의 모습은 집에서조차 엄마 노릇을 하지 않는 것으로 보였고, 수현이는 엄마가 '귀찮아한다'고 생각했습니다. 엄마가 워킹맘이라는 사실이 수현이에게는 별 의미가 없었습니다. 수현이에게 중요한 것은 엄마가 '엄마 노릇'을 잘하는 것이었으니까요.

수현이는 엄마가 자신에게 별로 관심이 없어서 서운했지만, 사실 수현이 자신도 엄마에 대해 잘 몰랐습니다. 부모님의 출생년도를 안 지도 얼마 되지 않았고, 엄마의 대학 전공뿐 아니라 현재 무슨 일을 하는지도 정확히 몰랐습니다. 수현이는 인터뷰를 하는 동안 질문에 잘 대답하지 못하면서 자신이 부모님에게 관심이 별로 없었다는 사실을 깨달았습니다. 특히 엄마에 대해 더 소홀하게 말한 것 같다고 느끼는 이유는 인터뷰를 하면서 엄마에 대한 서운함과 불만을 표출했기 때문일 것입니다.

엄마도 처음부터 엄마는 아니란다

　수현이뿐만 아니라 인터뷰에 참여한 친구들은 부모님의 신상에 대
해 잘 알지 못하는 경우가 많았습니다. 물론 정말로 가족 관계가 아주
복잡해서, 또는 저에게 말하고 싶지 않은 내용이 있어서 잘 모른다고
했을 수도 있겠죠. 그럼에도 고향, 학력, 가족 관계, 나이, 직업 등의
인적 사항은 일반적으로 한 사람의 신상을 파악하는 데 쓰입니다. 저
와 인터뷰를 한 친구들은 태어나서 지금까지 부모님과 일상을 함께해
익숙하고 친밀하기 때문에 인적 사항을 알 필요를 느끼지 못했을 겁
니다. 다만 그런 질문을 한 저에게 제대로 대답하지 못했을 때 당황스
러웠겠죠. 이런 경험을 하면서 친구들은 부모님이 맺고 있는 다양한
관계에 자신이 얼마나 무관심했는지를 깨닫게 되었을 겁니다. 인적
사항을 통해 알 수 있는 개인적·사회적 관계들은 엄마 아빠가 지니고
있는 다양한 정체성의 일부입니다. 특히 가정보다 사회에 위치한 아
빠와 달리 가정에 충실해야 한다고 요구되었던 엄마에게도 그러한 개
인적·사회적 관계가 있다는 사실은 매우 낯선 느낌으로 다가오기도
합니다.

　한국뿐 아니라 외국에서도 베스트셀러가 된 신경숙 작가의 『엄마를
부탁해』에도 이런 내용이 담겨 있습니다. 소설 속 엄마는 1938년에

태어나 평생을 산골 마을에서 살아왔습니다. 칠십대가 된 엄마는 서울에 왔다가 행방불명됩니다. 엄마를 잃어버린 후 딸들은 엄마에 대한 기억을 회상합니다. 큰딸은 자신이 처음부터 엄마를 '엄마로 태어난 인간'으로 여겼다는 사실을 깨달았던 순간을 떠올립니다. 엄마가 오랜만에 만난 외삼촌을 '오빠'라고 부르며 버선발로 달려갔을 때였습니다. 큰딸은 엄마에게도 오빠가 있다는 사실을 새삼스럽게 깨달은 후 엄마의 첫걸음마를, 십대 시절과 이십대 시절을 생각해 보게 되었습니다. 막내딸도 비슷한 경험이 있었습니다. 막내딸이 이런 생각을 하게 된 것은 자신이 세 아이의 엄마가 되고 나서입니다. 아이를 키우느라 자신의 인생을 잃어버리지 않을 거라 거듭 다짐하면서 2남 2녀를 둔 엄마에 대해 생각해 보게 된 것이죠. 막내딸도 엄마를 처음부터 엄마로만 알고 있었고, 엄마의 꿈에 대해서는 아무 생각도 해 본 적이 없었다는 사실을 깨달았습니다. 막내딸은 엄마를 잃어버린 후 언니에게 다음과 같은 내용의 편지를 썼습니다. "딸인 내가 이 지경이었는데 엄마는 다른 사람들 앞에서 얼마나 고독했을까. 누구에게도 이해받지 못한 채로 오로지 희생만 해야 했다니 그런 부당한 일이 어떻게 있을 수 있어." 엄마가 살아온 이야기를 들으며 엄마의 꿈을 위로하고 엄마를 이해하고 싶다는 막내딸의 바람은 엄마의 행방불명으로 인해 더욱 사무칩니다.

이렇게 여러분 중에서도 엄마를 '나의 엄마'로만 인식하고 엄마가 그 역할에 충실한지에 대해서만 관심을 가져온 경우가 많을 거예요. 그래서 엄마의 다른 정체성들은 존재하고 있지만 보이지 않는 것입니다. 엄마를 '엄마' 이외의 다른 정체성을 동시에 지닌 존재로 바라본다면 엄마에 대한 이해와 엄마와의 소통은 지금까지와는 매우 달라질 것입니다.

3

소통은 일방적인 것이 아니야

*

엄마가 알아서 뭐하려고

남자와 여자라는 성별에 적합하다는 이유로 아빠는 밖에서 돈을 벌고 엄마는 집에서 살림을 해 왔습니다. 그런데 어쩐 일인지 그러한 역할에 그다지 만족하지 못하는 아빠와 엄마들이 꽤 많습니다. 가족을 위해서 일했는데도 가족들로부터 소외를 당하는 모순적인 상황 때문입니다. 아빠의 경우에는 가족들과 더 많은 시간을 보내고 권위적인 모습을 벗어나기 위해 노력하는 것이 하나의 해결책일 것입니다.

문제는 가족들과 시간을 많이 보내고 권위적이지도 않은 엄마 역시 소외감을 느낀다는 사실입니다. 아빠가 소외감을 느낀다는 건 알겠는데 엄마도 소외감을 느낀다니 무슨 말이냐고요? 아빠와 달리 엄마가 느끼는 소외감은 감지하기 어렵습니다. 엄마와 여러분이 대체로 친밀한 관계를 맺고 있으니까요. 그런데 그 친밀함은 상호 이해를 결여하고 있는 경우가 많습니다. 여러분이 엄마의 일방적인 이해를 당연시하기 때문입니다. 특히 사춘기에 접어들면서 엄마가 자신에 대해 잘 모르면 "엄마는 그런 것도 몰라?" 하면서 화를 내다가도, 엄마가 뭔가를 물어보면 "엄마가 알아서 뭐하려고?" 하면서 짜증을 냅니다. 엄마는 마치 입 안의 혀처럼 내가 알았으면 하는 것만 알고 있으면 되고, 내가 엄마에게 알리고 싶지 않은 부분은 눈치껏 잘 파악해서 묻지 말아야 하는 것이죠.

*

엄마는 어떤 감정을 느끼고 있을까

우리 사회에서 엄마가 아이를 사랑하는 방식은 '아이를 위한 희생'입니다. 희생은 다른 사람을 위해 자신을 포기하거나 양보하는 행위죠. 희생이란 쉽지 않기 때문에 누군가의 희생에 감사를 표하는 것이 중요합니다. 하지만 어쩐 일인지 엄마의 희생에 대해서는 감사는커녕 엄마가 희생을 하고 있다는 사실조차 인지하지 못하는 경우가 많습니다. 엄마는 "원래 그래."라고 생각하기 쉬우니까요.

출산율 감소로 자녀 수가 줄어들면서 부모의 관심과 사랑이 한두 명의 아이들에게 집중되고 있어요. 생활 수준이 높아지면서 아이가

원하는 것을 해 줄 수 있는 경제력을 지닌
부모들도 많아졌습니다. 어떻게 소통해야
할지 방법은 잘 모르지만 아이들과 친해지
고 싶어서 아이가 원하는 물건을 사 주는
것으로 자신의 사랑을 표현하는 아빠들도
있습니다. 어떤 부모들은 자기 자식이
너무 소중한 나머지 남의 자식도 소
중하다는 상식을 잊어버리기도 해요.
아이가 학교에서 폭력을 휘둘렀는데
도, 평소에 순하고 착한 애가 오죽하면

때렸겠냐고 도리어 역성을 듭니다. 치열한 경쟁에서 살아남아야 한다
며 양보와 배려는 아이들의 '기를 죽이는' 또는 '경쟁에서 도태되는'
행위로 여기기도 해요. 그래서 아이들이 공공장소인 식당이나 기차에
서 뛰어다니다가 제지받으면 아이의 기를 죽인다고 도리어 화를 내는
거죠. 이렇게 떠받드는 엄마 아빠 밑에서, 원하는 것은 뭐든지 얻으면
서 '결핍'을 경험하지 못하고 자기중심적인 태도가 몸에 밴 아이들은
부모에게도 그러한 태도를 보이기 쉽습니다.

　가뜩이나 부모의 희생을 당연시하는 부모 자식 관계에 이러한 세태
가 더해져 여러분과 부모님의 관계는 더 일방적이 되는 것 같아요. 아
빠는 돈만 벌어 와서 부족함 없게 해 주고, 엄마는 살림하면서 내 공

가족은 도구가 아니야

도구적인 관계란 상대방을 자신의 필요나 목적을 위해 이용하는 관계를 의미합니다. 많은 사람들이 가족은 마음에서 우러나는 사랑에 기반을 둔 공동체라고 생각하지만, 현실에서는 가족을 내가 편할 때 쓸 수 있는 도구처럼 여기는 면이 있어요. 숭실대 정보사회학과 정재기 교수가 2007년에 발표한 논문에 따르면 25개 국가 중에서 유일하게 한국에서만 부모의 소득이 낮을수록 자녀들의 발길이 줄어드는 것으로 나타났대요. 자녀와 함께 살지 않는 60세 이상 부모의 소득, 교육, 연령, 성별, 결혼 상태 등이 자녀와의 대면 접촉 빈도에 미치는 영향을 분석했더니, '소득'만 의미 있는 상관관계를 보인 것입니다. 특히 소득이 1% 높아지면 부모가 자녀와 1주일에 한 번 이상 만날 가능성이 2.07배 높아지는 것으로 나타났습니다. 하지만 다른 국가에서는 부모의 소득과 자녀와의 접촉 빈도는 무관했어요. 또한 한국인들은 돈은 가족에게 빌리는 데 비해 정서적 도움은 주로 친구나 동료들에게 구하고 있었습니다. '갑자기 큰돈이 필요할 때 누구에게 도움을 청할 것인가'라는 질문에 51.9%가 '가족 및 친족'이라고 답한 반면에 '우울한 일이 있을 때 누구와 상의할 것인가'라는 질문에는 55.3%가 '친구, 이웃, 동료'라고 답했다네요. 이는 27개국 평균인 23.2%의 2배가 넘는 수치입니다. 이러한 결과는 한국 노인의 88.5%가 '자녀에게 대접받기 위해서는 재산 소유가 필요하다'고 생각한다는 조사와 일치합니다. 이렇게 한국의 가족 관계는 다른 국가보다 도구적 성격이 훨씬 강합니다.

부를 봐 주고 내 감정을 잘 헤아려 주면 더 이상 바랄 것이 없는 '도구적인 관계'가 돼 버리는 것이죠. 이런 현실에서 가족, 특히 여러분에게 일방적으로 헌신하는 엄마들이 서운함과 소외감을 느끼기 쉽습니다.

*

행방불명된 엄마를 찾아내자

엄마와 그럭저럭 잘 지낸다고 생각하고 있었던 친구들은 엄마가 서운함과 소외감을 느낄 수도 있다니 당황스러울 거예요. 하지만 입장을 바꿔 생각하면 이해가 될 겁니다. 엄마가 여러분을 사랑하는 걸 잘 알지만, 엄마가 조금이라도 여러분에게 소홀한 것 같으면 서운하잖아요? 엄마도 표현을 안 해서 그렇지 여러분과 마찬가지일 거예요. 제가 인터뷰했던 친구들이 엄마의 인적 사항을 잘 모르더라고 얘기했었죠. 그런데 나이가 들어 엄마의 인적 사항을 알고 있더라도 엄마에 대해 잘 모르는 것은 어렸을 때와 마찬가지라는 사실을 깨닫게 된 계기가 있었습니다.

저는 2010년 말부터 2012년까지 1년 9개월 동안 이화여자대학교 한국여성연구원에서 일하면서 할머니들의 생애사를 인터뷰하는 작업을 했는데요. 주위에 할머니가 별로 안 계셔서 주변 사람들에게 부탁해 지인들의 엄마를 인터뷰했어요. 한 지인은 예전부터 엄마가 돌아가시기 전에 생애사를 남기고 싶다고 생각했는데 너무 좋은 기회라며 반가워했습니다. 할머니들은 대부분 칠십대 초반이었고 지인들은 삼십대 후반에서 사십대 초반이었죠. 할머니들은 생애사 인터뷰가 뭔지도 잘 모르시면서 자식이 친구의 부탁이라고 하니 인터뷰에 흔쾌히 응해 주셨습니다.

저는 두세 번에 걸쳐서 짧게는 다섯 시간, 길게는 열 시간까지 할머니들의 생애 이야기를 들었습니다. 이야기가 얼마나 생생하고 파란만장하고 흥미진진한지 몰라요. 물론 할머니들은 이야기를 하시며 울기도 자주 우셨어요. 그러면서 이구동성으로 저에게 자신의 삶을 이야기할 기회를 주고 찬찬히 들어 줘서 너무 고맙다고들 하시는 거예요. 어떤 할머니는 "내 자식도 이렇게 들어 주지를 않는데."라며 울먹이시더라고요. 저는 제 '일'로서 생애사 인터뷰를 했고, 재미있어서 열심히 들었던 것뿐인데 말이에요.

생애사 인터뷰를 마친 후에 인터뷰 내용을 전부 녹취해서 할머니들에게 기념으로 드렸습니다. 제 지인들도 그 녹취록으로 엄마의 생애사를 접하게 되었지요. 할머니들이 '자식들도 이렇게 들어 주지 않는다'고 했던 것처럼, 지인들도 엄마의 생애사를 읽어 보니 몰랐던 내용이 너무 많다고 입을 모으더라고요.

이렇게 할머니들의 생애사 인터뷰를 하고 할머니와 지인들의 소감을 들으면서, 저 역시 우리 엄마의 생애사에 대해 한 번도 진지하게 물어본 적이 없다는 데 생각이 미쳤습니다. 엄마는 여섯 남매의 막내

고, 외할아버지가 일찍 돌아가셔서 가고 싶은 대학에 진학하지 못했고, 대학에서 아빠를 만나 결혼을 했고 등등 아주 단편적으로 알고 있는 게 다였어요. 저는 엄마를 처음부터 '나의 엄마'로서 만났지만, 엄마 자신은 처음부터 저의 엄마는 아니었잖아요. 엄마도 누군가의 딸이고 막냇동생이고 소녀였고 학생이었고 꿈이 있었고 아픔이 있었고 사랑을 했고 사회생활을 했을 거예요. 지금의 엄마를 구성하고 있는 엄마의 과거와 다양한 정체성을 모른 채 '엄마를 안다'고 말하기 힘든 것 같아요. 그래서 쑥스럽긴 하지만, 언젠가 우리 4남매가 모여 엄마의 생애사를 들어 보고 싶어요. 엄마의 목소리를 녹음하고 여건이 된다면 촬영도 하고 말이죠. 아마 엄마는 매우 좋아하실 것 같아요. 여러분도 한번 시도해 보세요. 엄마를 조금 더 알게 되고 더 친밀하게 느끼는 계기가 될 겁니다. 함께 아빠의 생애사를 듣는 것도 잊지 말고요.

4장

싱글
엄마

1

그래, 우리 가족은 '비정상'이다

*

걘 아빠가 없어서 그래

"나는 떡을 썰 테니 너는 글을 쓰거라." 엄마는 절에서 공부하다 집이 그리워 돌아온 한석봉에게 냉담하게 말했습니다. 한석봉은 그동안 갈고닦은 실력을 엄마에게 자랑할 수 있겠다고 생각했지만 불을 끄라는 말에 할 말을 잃고 말았죠. 엄마는 한석봉에게 겸손한 마음가짐으로 학문에 정진하라고 엄하게 가르친 후 돌려보냈습니다. 많은 사람들이 이런 엄마 덕분에 한석봉이 조선 최고의 명필이 될 수 있었다고 이야기합니다. 그렇다면 공부를 하러 떠났다가 몇 년 만에 돌아온 아들에게 엄마는 왜 그랬을까요? 누구보다 아들이 보고 싶고 걱정됐을 텐데 말이에요. 여러 가지 이유가 있겠지만, 가장 큰 이유는 한석봉의 아빠가 일찍 돌아가셨기 때문이 아닐까요? 아들이 성공해야 가난에서 벗어날 수 있기 때문이기도 하지만, 그와 더불어 "걘 아빠가 없어서 그래."라는 수군거림을 듣고 싶지 않았을 테니까요.

우리 주위에는 말썽을 피우는 친구들이 많습니다. 학교에 지각을 하기도 하고, 숙제를 안 해 오기도 하고, 친구들과 싸우기도 하고, 가게에서 물건을 훔치기도 합니다. 그렇게 크고 작은 말썽을 피우면서 어른으로 성장해 갑니다. 그런데 사람들은 아빠가 안 계신 아이들이 조금만 말썽을 피워도 손가락질하거나 동정합니다. 반대로 공부를 잘하거나 품행이 방정하면 불우한 현실을 이겨 냈다며 칭찬하거나 안쓰러워합니다. 잘해도 못해도 아빠가 없다는 사실이 꼬리표처럼 따라다니는 것이죠. 한석봉 일화가 유명해진 이유도 한석봉이 아빠 없이 혼자 아이를 키우는 싱글맘의 자식이기 때문일 겁니다. 싱글맘의 아이가 성공했다는 사실에 더 많은 의미를 부여하는 것이죠.

*

'정상 가족' 되기의 어려움

우리 사회에서는 부부와 그 자녀로 이루어진 가족을 '정상'이라고 보는 시선이 굉장히 강합니다. 남자와 여자가 결혼을 하고 아이를 낳는 것이 '자연스럽다'는 것이죠. 그런데 현실에서는 그렇지 않은 가족이 굉장히 많습니다. 한부모 가족, 조손 가족, 독신 가족, 재혼 가족,

성 소수자 가족, 동거 가족, 입양 가족, 무자녀 가족, 다문화 가족, 반려동물 가족 등 무수하게 다양한 가족들이 존재합니다. 이렇게 가족 유형이 다양한데도 우리 사회는 부부와 그 자녀로 이루어진 가족만을 '정상 가족'이라고 규정하고 그 외의 가족을 '비정상 가족', 즉 뭔가 문제가 있고 결핍된 가족이라고 보고 있어요.

이를테면 한부모 가족과 조손 가족에 대해서는 아빠나 엄마 또는 엄마 아빠가 모두 없기 때문에 아이가 충분한 물질적·정서적 돌봄을 받지 못해 여러 가지 문제가 있을 것이라는 편견이 강해요. 결혼을 하지 않고 혼자 사는 독신 가족에 대해서는 경제적으로 무능하거나 성격적으로 큰 결함이 있거나 혼자서만 편하게 살려고 하는 이기적인 사람이라는 시선이 존재하고요. 이혼이나 사별을 겪은 재혼 가족에 대해서는 뭔가 문제가 있기 때문에 결혼 생활에서 '실패'했을 것이라는 낙인과 '계부', '계모'라서 아이를 진심으로 사랑하지 않을 것이라는 편견이 강합니다. 서로 사랑하는 동성이 함께 사는 성 소수자 가족은 동성 간의 사랑을 이해할 수 없다거나 비윤리적이라는 비난을 받아요. 결혼을 하지 않은 채 동거만 하는 동거 가족에 대해서는 상대방을 책임지지 않으려고 한다거나 임신이 되면 낙태를 할 것이라는 선입견을 드러내고요. 또한 혈연을 중시하는 우리 사회에서 입양 가족은 친자식이 아니라는 수군거림을 받고, 무자녀 가족은 출산 능력에 문제가 있거나 부부가 곧 이혼할 거라는 소문에 시달리거나 저출산의 주범이라는 비

난을 받습니다. 다문화 가족에 대해서는 한국인과 결혼한 사람이 백인인 경우에는 우호적인 반면 동남아 사람이거나 흑인인 경우에는 무식하고 가난하다고 생각해요. 이러한 이중적인 태도가 다문화 부부에게서 태어난 아이에게도 그대로 적용됩니다. 또한 강아지나 고양이 등과 함께 사는 반려동물 가족에 대해서는 부자들의 사치라거나 인간관계에 서툴러 반려동물을 기른다는 부정적인 시선이 존재하지요.

이 외에도 소위 '비정상 가족'에 대한 편견과 부정적인 시선은 부지기수입니다. '비정상 가족'은 아주 다양한 문제가 있지만 '정상 가족'은 행복하다는 이미지는 사실 여부와는 무관하게 지속적으로 확대 재생산되고 있어요. 그래서 우리는 나도 모르게 '비정상 가족'을 동정하거나 비난하기 쉽습니다. 또한 자신의 가족이 '정상 가족'이 아니라면 주눅이 들고 숨기고 싶어집니다. 이런 사회 분위기로 인해 어느 가족이나 문제가 있지만 '비정상 가족'의 문제는 침소봉대되는 반면 '정상 가족'의 문제들은 드러내기가 어려워집니다. '비정상 가족'은 실제보다 더 나쁘게, '정상 가족'은 실제보다 더 좋게 포장되는 것이죠.

*

왜 새엄마는 꼭 나쁜 사람일까

아빠, 엄마, 자녀로 구성된 가족만이 '정상'이고 그 외의 형태를 지닌 가족은 '비정상'이라는 믿음은 굉장히 강해서 좀처럼 바뀌지 않습니다. 돈을 벌어 오는 아빠와 살림하는 엄마, 그리고 그 자녀들로 이루어진 가족이 이상적인 가족의 모습으로 자리 잡고 있기 때문입니다. 이렇게 역할 분담이 잘 이루어져야 물질적으로나 정서적으로나 부족함이 없어서 평화롭고 행복하다는 겁니다. 물론 현실에서는 이런 가족에도 크고 작은 문제가 많죠. 하지만 현실의 수많은 사례를 바탕으로 가족 형태와 행복 사이에는 큰 관련이 없다고 생각을 바꾸기보다는, 이런 형태의 가족에도 갈등이 있다면 그 외의 가족들은 훨씬 문제가 많을 것이라고 치부해 버립니다. 게다가 그러한 믿음을 지키기 위해 '정상 가족'에서 문제가 생기면 그 가정을 '비정상 가족'으로 바꾸어 버리기도 합니다.

대표적인 예가 여러분이 어렸을 때 즐겨 읽었던 동화예요. 유독 새엄마가 등장하는 동화가 많은데요. 새엄마는 언제나 매우 부정적으로 묘사됩니다. 딸이 자기보다 더 예쁘다는 이유로 독 사과를 먹여 죽이고, 집에 먹을 것이 떨어졌다는 이유로 남매를 깊은 산속에 버리라고 시킵니다. 상식적으로 이해할 수 없는 내용이죠. 이런 비상식적인 행동을 하는 두 사람의 공통점은, 바로 새엄마라는 점입니다. 그래서 어린 시절 그림형제의 동화 『백설공주』와 『헨젤과 그레텔』을 읽으면서 "새엄마라서 그래."라고 생각한 친구들이 많을 겁니다.

그런데 사실은 이 두 엄마 모두 새엄마가 아니라 친엄마랍니다. 원

작은 친엄마가 친자식을 죽이고, 친부모가 친자식을 버리는 내용이었죠. 그림 형제는 원래 아이들이 아닌 어른들을 위해 글을 썼거든요. 그런데 아이들을 위한 동화로 고치면서 아이들이 받을 충격과 공포를 걱정해 친엄마를 새엄마로 바꿨답니다. 하지만 참 이상한 건 백설공주의 아빠는 딸이 없어졌는데 찾지도 않고, 헨젤과 그레텔의 아빠는 새엄마가 남매를 버리란다고 정말 버린다는 거예요. 백설공주의 아빠는 왕이니까 마음만 먹으면 부하들을 동원해 금방 딸을 찾았을 테고, 나무꾼이었던, 헨젤과 그레텔의 아빠는 숲에서 사냥을 해서 먹을 것을 장만할 수 있었을 텐데 말이에요. 새엄마들의 만행을 보면서 "새엄마는 피가 안 섞여서 그래."라고 생각했다면, 이런 친아빠들의 행동은 어떻게 이해해야 할까요? 그렇게 혈연에 의미를 부여한다면 친아빠들의 무관심과 가담이야말로 무섭지 않나요?

*

아빠 없이 키운 엄마 잘못이 아냐

이렇게 '비정상 가족'에 대한 곱지 않은 시선 때문에 싱글맘들은 막중한 책임감과 부담감을 느끼게 됩니다. 우리 사회가 싱글맘의 아이에게 더 엄격한 잣대를 들이대고, 그 책임을 아빠의 부재, 곧 이혼을 한 엄마 탓으로 돌리기 때문입니다.

이혼으로 싱글맘이 된 은주의 엄마도 은주가 말썽을 부릴 때마다 자기 때문이라고 말했다고 하네요. 엄마 혼자서 빚을 갚고 돈을 버느라 신경을 잘 못 써 줘서 은주가 공부도 못하고 학교도 잘 안 나간다고 생각한 겁니다.

Q 얘기 들어 보면 엄마가 "나는 너를 믿어. 잘할 수 있을 거야." 라고 말씀하시고, "너는 왜 그러니? 엄마가 이렇게 힘들게 사는데 너는 왜 그래?" 이런 말씀은 잘 안 하신 거죠?

은주 네. 한 적 없어요, 한 번도. 그냥 "엄마가 미안하다."고만 해요. 그리고 우리한테 엄마 사정을 알리려고 하지 않아요. "그러지 마라, 엄마는 믿는다." 그런 말 들으면 더 잘하게 되죠. 엄마 실망 안 시키게 하려고. 제가 보호관찰 받았을 때 엄마가 직장을 관뒀어요, 나 때문에. "고등학교 갈 때까지만 엄마가 집에서 봐 줄게." 이러면서. 그리고 성적 오르니까 "엄마가 진작에 집에 있을 걸 그랬나 보다." 그런 얘기 하고. 1년 동안 그렇게 있으면서 엄마랑 더 많이 가까워졌다고 해야 되나? 중2 때 엄마랑 되게 많이 멀어졌는데 다시 친해졌어요.

Q 딸 때문에 직장을 그만뒀어요?

은주 네. 10년 넘게 일했어요, 거기서. 엄마가 엄마 때문에 이렇게 된 거라고 그래 가지고 직장 관두고 집에서 계속 봐줬어요. 아침에 학교 갈 때 깨워 주고 밥 해 주고. 엄마가 많이 못 돌봐 줘서 그렇게 됐다고 생각하나 봐요.

Q 엄마는 그렇게 생각할 수 있을 것 같아요.

은주   그렇죠. 그런데 그런 거 아닌데…… 엄마 때문에 그런 거 아닌데. 맨날 엄마 때문이라고 하니까, 엄마한테 항상 미안해요. 잘해야겠다는 생각밖에 없어요, 엄마한테.

엄마는 은주가 세 살 때 이혼을 했습니다. 너무 어렸을 때라 은주는 부모님이 이혼한 이유를 잘 알지 못했습니다. 아빠와는 간간이 연락을 했는데 아빠는 다시 가족들과 함께 살고 싶어 했습니다. 하지만 언니와 은주 둘 다 아빠이기 때문에 불쌍한 마음은 들었지만 함께 살고 싶지는 않았습니다. 아빠가 사업을 하다 빚을 진 후로, 이혼한 엄마 혼자서 그 빚을 다 갚았기 때문입니다. 엄마가 빚을 다 갚고 가게를 차리고 나니, 힘들 때 '십 원 한 장' 안 보태 줬던 아빠가 이제 와서 같이 살자고 하는 게 뻔뻔해 보였습니다. 엄마는 빚을 갚고 돈을 버느라 언니와 은주를 잘 돌봐 주지 못했지만, 외할머니 외할아버지가 근처에 살았고 외삼촌과 이모들이 엄마 아빠의 빈자리를 채워 주었습니다. 하지만 은주가 학교에서 친구들과 싸움을 해 경찰서에 가고 보호 관찰을 받게 되었을 때 엄마는 전부 자기 때문이라고 생각했습니다. 엄마는 은주 앞에서 무릎을 꿇고 눈물을 흘렸고, 은주는 엄마의 눈물을 보고 정신이 번쩍 들었습니다. 엄마는 가족들의 생계를 위해 돈을 벌어야 했지만 은주를 위해 직장을 그만두고 1년 동안 '엄마 노릇'을 해 주기도 했습니다. 은주는 자신이 말썽을 피웠던 것이 엄마 때문이 아닌데 엄마는 계속 자기 때문이라고 얘기한다며 한참을 울었습니다.

*

내가 말썽을 피운 진짜 이유는…

오히려 은주는 자신이 말썽을 피웠던 것도 선생님 때문이고 학교에 적응하게 된 것도 선생님 때문이라고 말했습니다. 중학교 2학년 때 담임 선생님과 학생부 선생님은 학교에서 무슨 일만 생기면 은주와 친구를 불러서 추궁을 했고, 아무리 자신들이 저지른 일이 아니라고 해도 믿어 주지 않았습니다. 선생님들은 은주가 열심히 하려고 해도 "너는 해도 안 돼."라는 식의 반응을 보였습니다. 선생님들에 대한 분노와 자포자기로 은주는 학교에 잘 나가지 않았습니다. 하지만 3학년 때 담임 선생님은 달랐습니다. 은주 언니의 담임이기도 했던 인연이 있어서였는지 담임 선생님은 은주를 믿어 주었습니다. 은주가 자느라 지각을 하면 "자도 학교에 와서 자라." 하며 전화를 했고, 다른 선생님들로부터 은주를 보호해 주었습니다. 선생님에 대한 고마움과 엄마에 대한 미안함으로 은주는 학교생활에 적응하기 위해 노력했고, 성적도 오르기 시작했습니다.

은주의 이야기는 싱글맘이 아니라 싱글맘에 대한 우리 사회의 편견이 문제라는 사실을 잘 보여 줍니다. 엄마가 직장을 그만두고 1년 동안 은주를 돌봐 준 것이 결과적으로 좋은 영향을 미치기는 했지만, 엄마가 은주를 잘 돌봐 주지 못했던 것이 문제의 원인은 아니었지요. 은주는 엄마의 상황을 이해하고 있었고, 친척들의 돌봄을 받고 있었으니까요. 문제의 원인은 은주에 대한 선생님들의 태도였습니다. 선생님들이 사사건건 은주를 의심하고 구제불능인 것처럼 대했던 데에는 은주가 싱글맘의 아이라는 사실이 영향을 미쳤을 겁니다. 학교에서 편견 없이 은주를 대해 주었다면 은주의 방황은 훨씬 짧았을 것입니다.

*

우리 엄마 함부로 하지 마!

우리 사회에서는 이혼율이 급격히 증가해 싱글맘이 계속 늘어나고 있지만, 싱글맘에 대한 사회적 시선은 여전히 곱지 않습니다. 사회적 편견과 더불어 싱글맘을 힘들게 하는 것은 경제적 어려움입니다. 싱글맘이 아이를 키우면서 할 수 있는 일도 많지 않을 뿐 아니라, 힘들고 돈이 적고 고용이 불안정한 일이 대부분입니다. 2009년 보건복지가족부 정책보고서에 따르면 싱글맘의 62.8%가 경제적 어려움이 가장 힘들다고 답했습니다. 월평균 소득은 50~100만원이 56%, 100~150만원이 26%였고, 50만원 미만인 경우도 17%나 됐습니다. 2009년 전체 임금 노동자 월평균 소득이 약 200만원이었으니, 싱글맘의 99%가 월평균 소득도 벌지 못하고 있는 것입니다. 하지만 싱글 맘들은 이렇게 적은 돈이라도 벌기 위해 무시와 차별을 견뎌야 하는 경우가 많습니다.

정은이는 엄마의 일을 도우면서 엄마가 어떤 일을 하고 어떤 대우를 받는지를 알게 되었습니다.

Q   엄마가 그렇게 일하시는 거에 대한 감정은 어때요?

정은   싫죠. 엄마 일하는 걸 보면, 제가 봐도 답답하고 그래요. 그냥 무조건 잘 해 주고 간식만 제때 잘 갖다 주면 돈 다 들어오는 줄 알고, 그렇게 웃으면서. 산업 현장 가면 아저씨들 되게 짓궂고 그렇잖아요. 아저씨들이 장난치면 그런 건 좀 기분 나빠 해도 될 거 같은데 웃으면서 넘기고. 같이 가면 진짜 답답해서……

Q   엄마는 왜 그렇게 웃으면서 넘기는 거 같아요?

정은   그렇게 해야 돈이 들어온다고 생각하는 거 같아요.

Q   정은이 생각은 좀 달라요?

정은   그렇게 하는 건 별로 좋아 보이진 않아요. 제가 짓궂은 농담이나 그런 걸 잘 받아 주는 성격이 아니라서 이해를 못 하는 것일 수도 있는데, 그런 건 진짜 아닌 거 같아요.

Q   그 인부 아저씨들이 엄마한테 짓궂은 얘길 하는 게 엄마가 여자이기 때문에 그렇다는 생각이 들어요?

정은   네. 그런 거 같아요.

Q   짓궂게 구는 아저씨들이 되게 미웠을 거 같아요. 그 아저씨들한테 그런 내색을 한 적은 있어요?

정은   아니요. 그냥 뒤돌아서 표정 막 찌푸리고, 아무 말 없이 짐 다 옮기고, 그러고 나서 차에 가서 앉아 있고 그래요.

Q   엄마한테 저 아저씨 왜 저러냐고 얘기하고?

정은   네. 그냥 기분 나빴다고. 엄마는 "그냥 그런가 보다 해라." 그러고. 그래도 싫은 내색 잘 안 해요. 엄마가 일하는 데니까. 안 좋게 오는 것도 좀 그렇고 그래서 별로 그런 내색은 안 해요.

엄마는 정은이가 초등학교 1학년 때 친아빠와 이혼을 하고 이후 초등학교 3학년 때 재혼을 했다가 중학교 3학년 때 다시 이혼을 했습니다. 정은이가 알고 있는 이혼 사유는 친아빠는 성격이 잘 맞지 않아서, 새아빠는 경제적 능력이 부족해서였습니다. 엄마는 새아빠와 두 명의 아이를 더 낳아 아이가 세 명이 됐습니다. 하지만 새아빠는 일이 불규칙하고, 일이 없을 때는 다른 일을 찾아 하지 않아 엄마와 갈등이 많았습니다. 이혼 후 동생들은 새아빠와 살고 있습니다. 현재 엄마는 공사 현장에 간식을 납품하는 일을 하고요.

정은이가 크면서 엄마가 일을 도와 달라고 해, 정은이는 본격적으로 엄마의 일을 경험하게 되었습니다. 엄마는 여기저기 공사 현장을 찾아다니며 인부 아저씨들에게 음료수, 빵, 컵라면 같은 간식을 넣어 주었습니다. 하루에 여러 군데를 다니기도 했고, 한 공사장에 음료수 30개들이 상자를 스무 개 넘게 나르기도 했습니다. 일도 힘들었지만 엄마를 더 힘들게 하는 것은 건설 회사에서 돈을 제때 주지 않는 것이었습니다. 월 단위로 정산해 돈을 받는 것이 아니라 공사가 끝날 때까지 간식을 납품하고 공사가 끝나면 한꺼번에 돈을 받는 방식이었는데요. 건설 회사들은 돈을 조금씩 나눠 주면서 미루다가 결국엔 떼어먹는 경우가 많았고, 책임자에게 전화를 하면 서로 자기 관할이 아니라고 발뺌하기에 바빴어요. 참다못한 동료 아저씨와 엄마가 건설 회사 사장한테 쫓아가 멱살잡이를 하기도 했습니다. 하지만 워낙 여러 공사장을 돌아다니며 일을 하기 때문에 한 곳이 해결되어도 다른 곳들이 문제였습니다. 결국 엄마는 법원에 몇 개나 소송을 제기했습니다. 당연히 받아야 되는 돈을 받기 위해 소송까지 제기해야 하는 상황에 울화가 치밀었지만, 언제 어떻게 결론이 나서 돈을 받을 수 있을지도 알 수 없는 노릇이었습니다.

정은이는 일을 도우며 엄마의 상황에 대해 좀 더 알게 되었습니다. 그런데 제가 정은이에게 엄마가 일하는 모습을 보며 어떤 느낌이 들었냐고 묻자 정은이는 의외로 '답답하다'고 대답했습니다. 인부 아저씨들의 짓궂은 행동을 엄마가 웃으면서 받아넘기는 모습이 싫었기 때문입니다. 정은이는 엄마가 돈을 받아야 하는 입장이기 때문에 인부 아저씨들의 비위를 건드리지 않으려고 그런다고 짐작하고 있었습니

싱글맘 선언

우리 사회에서 싱글맘은 결혼과 연관되어 크게 두 범주로 나뉩니다. 결혼을 하지 않았다는 의미에서의 '미혼모'와 결혼 후 이혼을 했다는 의미에서의 '이혼모'입니다. 그런데 방송인 허수경 아줌마는 '비혼모'라는 새로운 범주를 수면 위로 끌어 올렸습니다. 미혼이란 '아직 결혼을 하지 않은 상태'란 뜻으로, 결혼을 할 의향이 있고 앞으로 결혼을 할 것이라는 의미가 담겨 있습니다. 반면에 비혼이란 '결혼을 하지 않는 것을 선택함'이란 뜻으로, 결혼을 할 의향이 없고 앞으로도 결혼을 하지 않을 것이라는 의미가 담겨 있고요. 따라서 비혼모는 결혼과 무관하게 엄마가 된 사람을 말합니다.

미혼모나 이혼모와 달리, 허수경 아줌마는 스스로 싱글맘이 되는 것을 계획했다는 점에서 특수한 사례입니다. 허수경 아줌마는 이혼을 두 번 하면서 자신이 결혼 생활을 잘 못하는 사람이라고 생각하게 되었습니다. 두 번의 자궁외 임신으로 자연 임신을 못 하게 되었고요. 허수경 아줌마는 더 이상 결혼하고 싶지 않았지만 엄마가 되고 싶었습니다. 그래서 고민 끝에 정자를 기증받아 시험관 시술을 통해 딸을 출산했습니다. 이러한 사실을 당당히 밝힌, 허수경 아줌마의 싱글맘 선언은 큰 화제가 되었어요. 허수경 아줌마를 격려하고 축하하는 사람들도 많았지만, 우리 사회가 싱글맘에 대해 부정적인 시선을 지니고 있는 만큼 우려하는 사람들도 많았지요. 이러한 선택에 어떤 반응을 보이든 간에 허수경 아줌마는 '아이는 반드시 결혼 후 남편과의 사이에서 낳아야 한다'는 우리 사회의 배타적 고정관념에 도전했다는 점에서 의미가 있습니다. 나아가 결혼 제도에서의 이탈과 거부를 '일탈'로, 친부모의 부재를 '결핍'으로 규정해, 우리 사회에 존재하는 다양한 가족 형태를 인정하지 않는 현실을 되돌아보는 계기가 되었습니다.

다. 여자라는 이유로 엄마에게 함부로 대하는 인부 아저씨들이 싫었지만, 내색을 못 하는 건 정은이도 마찬가지였습니다. 결국 정은이가 화풀이할 수 있는 사람은 엄마밖에 없었습니다.

이처럼 싱글맘들은 어렵게 돈을 벌고 있을 뿐만 아니라 갖은 무시와 차별을 당하고 있습니다. 우리 사회에서 여성의 지위는 일반적으로 남편의 지위와 동일하기 때문입니다. 남편의 사회적·경제적 지위가 높은 여성은 '사모님'이라고 불리며 깍듯한 대우를 받습니다. 남편의 지위가 높지 않다 하더라도 남편이 있다는 사실만으로 어느 정도 보호를 받습니다. 결혼 전에는 아빠가 보호자, 결혼 후에는 남편이 여성의 보호자라는 가부장적인 사고 때문입니다. 하지만 남편 없이 혼자 아이를 키우는 싱글맘은 아빠에게도, 남편에게도 보호받지 못하는 처지로 간주됩니다. 일부 남성들이 싱글맘을 함부로 대하는 것은, 싱글맘에게 어떤 보호막도 없다고 생각하기 때문입니다. 우리 사회가 여성을 남성과 동등하고 독립적인 존재로 보지 않고, 남성의 보호를 받아야 하는 의존적인 존재로 취급하기 때문입니다.

*

이혼은 누구에게나 일어나는 일

엄마들이 싱글맘이 되는 이유 중 가장 많은 비중을 차지하는 것은 이혼입니다. 한국의 이혼율은 OECD 회원국 중 1, 2위로, 2011년 통계청의 발표에 따르면 결혼한 1,000쌍당 9.4쌍이 이혼하고 있습니다. 한국가정법률상담소가 2009년 한 해 동안 서울에서 이뤄진 이혼 상담 4,546건을 분석한 결과, 여성(3,914명)의 이혼 상담 이유로는 가정 폭력이 35.9%인 1,407명으로 가장 많았습니다. 혼인을 계속하기 어려운 중대 사유가 1,385명으로 뒤를 이었고요. 여기에는 경제 갈등(155명), 생활 무능력(147명), 성격 차이(123명), 빚(89명) 등이 포함됩니다. 그 밖에 외도가 744명을 기록했고요. 남성(632명)의 이혼 상담 사유는 혼인을 계속하기 어려운 중대 사유가 47.6%인 301명으로 가장 많았는데요. 여기에는 성격 차이(57명), 배우자의 이혼 강요(38명), 장기 별거(22명) 등이 포함됩니다. 그 밖에 아내의 가출 156명, 아내의 모욕이나 폭력을 비롯한 부당 대우 92명 등이었습니다.

여러분은 이러한 이혼 상담 내용을 보니 남녀 모두 이혼하는 것이 이해되나요? 특히 여성의 이혼 상담 비중이 86%로 압도적으로 높은데요. 이는 엄마들이 가부장적인 결혼 생활을 더 이상 참지 않는다는 사실을 보여 줍니다. 과거에는 남편이 폭력을 행사하거나 경제적으로 무능력해도, 또는 외도를 하거나 심지어 딴살림을 차려도 엄마들은 팔자려니 하면서 참고 살았습니다. 이혼을 하면 당장 먹고살기도 어려웠을 뿐더러 자식을 아예 보지 못하는 경우도 많았죠. 자식들이 손가락질을 받을까 봐 차마 이혼을 하지 못하는 경우도 많았습니다. 오늘날에는 이혼에 대한 사회적 인식도 나아졌고, 여성들의 경제 활동도 증가하고 여성들의 의식이 향상된 것이 사실입니다. 하지만 여전히 이혼에 대한 부정적인 인식이 남아 있고 자식에게 불이익이 생길까 봐 이혼을 못 하는 경우도 많습니다. 젊은 부부의 이혼은 감소 추세지만 결혼한 지 20년이 넘은 부부의 황혼 이혼이 증가하는 상황이 이러한 현실을 증명합니다. 황혼 이혼은 1990년에는 5% 정도에 불과했지만 2011년엔 약 25%에 달해 21년 동안 5배가 증가했습니다. 자식의 고등학교 졸업이나 결혼을 계기로 자식 때문에 미뤘던 이혼을 하는 부부가 많은 것입니다.

이처럼 오늘날 이혼은 점점 증가하고 있습니다. 이제 이혼은 누구에게나 일어날 수 있는 일이 된 것이죠. 사실 살면서 한 번이라도 이혼을 생각하지 않는 부부는 없을 거예요. 여러분의 부모님도 마찬가지고, 여러분이 나중에 결혼을 해서도 이혼을 할 수 있다는 겁니다. 이렇게 이혼이 여러 사정으로 인해 누구에게나 일어날 수 있는 일이라는 사실을 받아들인다면, 이혼 전의 별거와 이혼 후의 재혼도 같은 맥락에서 받아들일 수 있을 것입니다.

2

우리 가족은 달라도 행복해

*

매독스네 가족을 소개합니다

2005년에 개봉한 『미스터 앤 미세스 스미스』라는 영화를 아나요? 미국에서 가장 섹시한 여자 배우인 안젤리나 졸리와 가장 섹시한 남자 배우인 브래드 피트가 부부로 출연해 화제가 됐습니다. 특히 두 번 이혼한 후 입양으로 싱글맘이 된 졸리와 유부남이었던 피트가 실제로 사랑에 빠진 작품으로 유명합니다. 이후 피트는 이혼을 했고 현재 졸리와 동거를 하고 있습니다. 졸리는 캄보디아 국적 매독스를 입양한 상태에서 피트를 만났고, 이후 피트와 동거하면서 에티오피아 국적 자하라, 베트남 출신 팍스 티엔을 입양했으며 샤일로 누벨, 비비엔 마셀린, 녹스 레온을 낳아 모두 여섯 명의 아이들을 두고 있습니다. 피트와 졸리가 동거를 시작한 2005년부터 지금까지 꾸준히 결혼설이

동성 결혼

한국뿐 아니라 대부분의 국가에서 결혼은 남자와 여자 커플만이 할 수 있다고 법으로 정해져 있습니다. 동성 결혼이 합법인 국가는 아르헨티나, 네덜란드, 벨기에, 스웨덴, 캐나다, 스페인, 남아프리카공화국, 노르웨이, 포르투갈, 아이슬란드, 덴마크, 프랑스, 우루과이, 뉴질랜드 그리고 미국의 일부(뉴욕, 매사추세츠, 코네티컷, 버몬트, 뉴햄프셔, 아이오와와 워싱턴 DC)입니다.

세계적으로 동성 결혼을 허용하는 국가들이 늘어나고 있지만 한국에서는 여전히 반대의 목소리가 높습니다. 문화적으로 동성애에 대한 혐오, 곧 호모포비아가 강하기 때문에 동성 결혼 합법화는 요원한 상황입니다. 특히 동성 결혼을 허용하면 입양 또는 정자나 난자 기증을 통한 출산으로 동성 부부가 아이를 키우게 되는 것에 대한 우려가 높습니다. 아빠와 엄마 대신 아빠가 둘이거나 엄마가 둘이 되면 아이도 혼란을 느끼고 주위에서 놀림도 받을 것이라는 우려입니다. 하지만 미국에서는 동성 부부에게 입양된 아이들에게 문제가 없다는 연구 결과가 나왔습니다. 미국 버지니아 대학교의 샤를로트 패터슨 박사팀이 각자 다른 지역에 사는 초등학교 입학 전의 입양 아동 106명을 살펴봤더니 아이들은 양부모가 게이(아빠 둘)든 레즈비언(엄마 둘)이든 이성애자(아빠, 엄마)든 상관없이 잘 자라고 있었습니다. 아이가 긍정적으로 성장하는지 여부는 양부모의 성적 정체성이 아니라 양부모가 아이들을 얼마나 따뜻하게 대하는지에 달려 있었습니다.

제기되고 있지만 피트와 졸리는 동성 커플들이 결혼할 자유를 갖게 될 때까지 결혼을 하지 않겠다고 선언했습니다. 세계적인 스타인 졸리와 피트가 불임이 아닌데도 입양을 하고, 친자식과 입양한 아이들을 함께 기르며, 결혼하지 않고 몇 년째 동거를 하고 있는 상황은 전 세계에 큰 영향을 미치고 있습니다. 실제로 졸리는 2009년 포브스가 선정한 가장 영향력 있는 인물 100인 중 1위에 선정되었고요. 많은 사람들이 이 커플을 보면서 입양에 대해 긍정적으로 생각하게 되었고, 동성 커플의 결혼에 대해서도 다시 한 번 생각해 보게 되었다고 밝혔습니다.

*

우리 집은 엄마가 가장

우리 사회는 전통적으로 아빠가 가장인 가족 형태를 기본으로 삼았고, 엄마와 아이들은 아빠의 보호를 받아야 한다는 생각이 강하게 자리 잡고 있습니다. 그러나 이러한 인식은 당당한 싱글맘들에 의해 도전받고 있습니다. 현재 미혼, 비혼, 이혼, 사별 등으로 싱글맘이 된 여성들이 약 30만 명으로 추산됩니다. 또한 아빠 혼자 아이를 키우는 싱글대디보다 싱글맘이 4배가량 많아 더 많이 가시화되었습니다. 그중에는 부당한 사회적 시선에 주눅 들기보다 자신의 삶을 충실히 사는데 집중하는 엄마들이 적지 않습니다.

특히 2008년에 호주제가 폐지되면서 아이는 반드시 아빠의 성을 따라야 하고 아들이 아버지의 뒤를 이어야 한다는 가부장적 사고도 많이 약해졌습니다. 호주제란 호주인 남자를 중심으로 '가'(家)를 구성하고, 그 가는 남자에 의해서만 승계되는 가족 제도를 말하는데요. 여성들은 결혼 전에는 아버지가 호주인 가에 속하게 되며, 결혼 후에는 아버지의 가를 떠나 남편이 호주인 가에 입적했습니다. 그야말로 딸이 결혼을 하면 호적을 파서 출가외인이 되는 것입니다. 또한 남편이 사망하면 아내는 설령 아들이 생후 1개월이라 하더라도 아들이 호주인 가에 입적해야 했습니다.

이처럼 비상식적인 일이 법으로 강제된 이유는 남자만이 그 집안의 대를 이을 수 있다는 가부장적인 사고 때문이었습니다. 따라서 한국인들은 아들이 없으면 대가 끊어진다고 생각할 수밖에 없었고, 이로 인해 남아가 선호되고 여아 낙태가 빈번했던 것입니다. 게다가 남편은 아내의 동의 없이 혼외 자녀를 호적에 올릴 수 있었습니다. 물론 아내는 남편의 동의가 필요했고요. 또한 이혼이나 사별 후 전남편과의 사이에서 낳은 아이를 데리고 재혼을 하더라도 아이의 성(姓)을 바꿀 수가 없었습니다. 그래서 아이와 새아버지의 성이 달라 누구나 재혼 가족이라는 사실을 알 수 있었습니다. 이로 인해 일부 재혼 가정에서는 아이를 사망 신고한 후 다시 출생 신고를 하는 방법까지 동원했습니다. 더욱이 이혼한 엄마와 아이가 함께 사는 경우 아이의 호적을 엄마에게 올릴 수 없었기 때문에 아이는 엄마의 자식이 아닌 '동거인'으로 기재되었습니다.

부모 성 함께 쓰기

"본명이 김연주예요, 고연주예요?" 부모 성을 함께 쓰는 제가 가끔 듣는 질문입니다. 우리 사회에서 부모 성 함께 쓰기는, 전통이라는 이름으로 익숙해져 있는 현실에 문제를 제기하고 하나의 대안을 제시하기 위해 1997년에 시작되었습니다. 제가 부모 성 함께 쓰기에 동참한 이유는 단순합니다. 나는 아빠의 자식일 뿐만 아니라 엄마의 자식이기도 하다는 명백한 사실을 드러내고 싶었고, 엄마가 되었을 때 아이에게 내 성을 붙여 주고 싶다는 바람에서였습니다. 부모 성을 함께 쓰니 주위의 반응은 다양했습니다. 양성평등을 문화적으로 실천하는 사람이라는 평가도 있었고, 어차피 엄마 성도 외할아버지의 성이니 한계가 있다고 지적하는 사람도 있었습니다. 부모 성을 함께 쓴다고 현실이 얼마나 바뀌냐며 유난 떤다는 사람도 있었고요. 또 제가 부모 성을 함께 쓰는 것을 아빠는 싫어하시고 엄마는 좋아하셨죠. 저 개인적으로는 다소 흔했던 이름이 독특해져서 좋았어요. 저와 이름이 같은 사람은 없으니까요. 부모 성 함께 쓰기는 호주제 폐지 운동의 한 일환으로 진행되었습니다. 하지만 호주제가 폐지됐다 하더라도 특수한 경우가 아닌 이상 아빠의 성을 붙여 줘야 하는 현실은 변함이 없어요. 그래서 저는 아이가 생기면 저의 엄마 성이기도 하고 저의 성이기도 한 '고'를 붙여 줄 생각이에요. 딸이면 고은, 아들이면 고진이 될 것 같아요. 여러분도 이름에 엄마 성을 한번 붙여 보세요.

이렇게 산재한 문제로 인해 호주제를 폐지해야 한다는 운동이 꾸준히 전개되어 결국 2008년에 호주제가 폐지되었습니다. 1960년 1월에 호주제가 제정된 이래 48년 만이었습니다. 2008년 9월까지 9개월 동안 자녀의 성을 바꿔 달라는 신청이 1만 4천여 건이나 접수됐습니다. 대부분이 전남편의 성을 쓰고 있는 아이의 성을 새아버지의 성으로 바꾸는 것이었고, 이혼한 여성이 혼자 아이를 키우면서 아이의 성을 자신의 성으로 바꾸는 것이 뒤를 이었습니다.

*

엄마는 매일 밥을 여섯 번 차렸어

이처럼 이혼이나 사별로 싱글맘이 된 엄마들은 아이에게 자신의 성을 물려주면서 아빠의 빈자리를 덜 느끼는 삶을 살 수 있게 되었습니다. 특히 가부장적인 결혼 문화로 고통을 겪었던 엄마들은 다시 결혼하지 않고 싱글맘으로 살아가는 것을 선택하기도 합니다.

혜진이는 여덟 살 때 아빠가 병환으로 돌아가신 후 외할머니, 엄마, 언니 둘, 쌍둥이 동생 혜민이와 함께 자랐습니다. 혜진이가 어렸을 때라 잘 기억은 안 나지만 시집에서 분가하기 전 엄마의 삶은 매우 고달팠습니다.

혜진 아빠 돌아가시고 나서는 엄마가 일 안 하셨어요. 도우미 아줌마도 오고 할머니랑 같이 살아서요. 아빠 있을 때는 친할머니 친할아버지가 같이 살아 가지고 엄마가 일이 많아서 언니가 맨날 도와주고 그랬어요. 막냇삼촌도 같이 살았어요. 그래서 엄마가 다시 그때로 돌아가기 싫다고 그랬어요.

Q   가족이 아홉 명이었던 거네요. 아홉 명 살림을 엄마 혼자 다 하신 거예요?

혜진   네, 그래서 식구 많아 가지고 밥도 맨날 두 번씩 차려서 되게 힘들었다고.

Q   그때는 왜 도우미 아줌마를 안 썼어요?

혜진   친할머니가 싫어하셔서요.

Q   아버지 돌아가시고 이사 나올 때 별일은 없었어요?

혜진   막 싸웠다고 그러던데. 식탁이나 소파 같은 거 갖고 나가려고 했는데,
소파에 삼촌들이 다 앉아 있어 가지고 못 가져가게 했대요. 어렸을 때는 잘 몰라
생각 못 했는데 커서 들으니까 진짜 힘들었을 거 같아요.

분가하기 전 혜진이네 가족은 친할머니, 친할아버지에 삼촌까지 아
홉 명이었습니다. 아홉 명이면 두 가족 살림이라고 해도 과언이 아니
죠. 하지만 엄마는 가사 도우미도 부르지 못하고 혼자서 살림을 도맡
았습니다. 식구가 많아 밥을 두 번씩 차렸으니 하루에 세 끼로 계산하
면 엄마는 매일 밥을 대여섯 번 차린 겁니다. 이렇게 살림하느라 고생
했기 때문에 엄마는 다시 그때로 돌아가고 싶은 마음이 없었습니다.
더욱이 아빠가 경제적으로 윤택해서 엄마는 꽤 많은 유산을 받았습니
다. 엄마가 네 딸은 데리고 나올 수 있었어도 식탁이랑 소파는 가지고
나오지 못했던 것은 친가 식구들이 엄마가 유산을 많이 받은 것을 못
마땅하게 여겼기 때문입니다. 우여곡절 끝에 분가를 한 후 엄마의 삶

은 매우 달라졌습니다. 살림은 도우미 아줌마와 외할머니가 도와주고 있어서 엄마는 자주 친구들을 만나고 여행도 다니면서 살고 있습니다. 아빠가 살아 계셨다면 지금보다 경제적으로 더 윤택했겠지만 엄마는 식구들 밥 차리고 시집 식구들 봉양하느라 친구도 만나지 못하고 여행도 다니지 못했을 겁니다.

우리 사회에서는 전통적으로 시집살이가 심했습니다. 오죽했으면 '시집간 며느리는 벙어리 3년, 귀머거리 3년, 장님 3년'이라는 말이 있었을까요. 지금은 많이 나아졌다고 하지만, 혜진이 엄마의 경우처럼 며느리들이 겪는 시집살이는 여전히 만만치 않습니다. 오히려 세상이 많이 변했는데도 가부장적인 결혼 문화는 변하지 않아 며느리들의 공분을 사고 있어요. 이런 분위기를 반영하듯 '시월드'라는 신조어까지 생겨났어요. 시월드는 시어머니, 시아버지, 시누이, 시동생처럼 '시'(媤) 자가 들어가는 사람들의 세상을 뜻합니다. 시댁 또는 시집이라는 단어가 있는데도 시월드라는 단어가 생겨난 이유는 시집 식구들이 마치 세상의 기준이자 지배자인 것처럼 행동하는 경향을 지칭하기 위해서입니다.

우리 사회에서 결혼은 아내와 남편이 독립된 가정을 이루는 것이 아니라 아내가 남편 가정에 들어가는 형태입니다. 아내는 남편 가정에 맞춰 문화, 종교, 살림에 이르기까지 전부 바꿔야 합니다. 더욱이 시집 식구들은 남편의 부모 또는 형제라는 이유로 대접받으려 하고,

아내가 남편과 시부모에게 얼마나 잘하는지를 자신들의 기준에서 평가합니다. 하지만 남편이 장인, 장모, 그리고 아내에게 어떻게 하는지는 전혀 관심이 없죠. 결국 아내는 결혼을 했다는 이유로 남편과 시집 식구들을 떠받들어야 하는 신세가 되는 것입니다. 이렇게 시월드에 질린 며느리들은 시금치에 시루떡까지 '시' 자가 들어간 것이라면 입에도 안 댄다는 농담도 있어요. 우리 사회에서 이혼율과 독신율이 점점 높아지는 원인 중 하나는 이러한 가부장적인 결혼 문화입니다. 결혼을 해서 행복하기보다 괴로우니 이혼을 하거나 아예 결혼을 하지 않는 것이죠.

*

여자들만 사는 가족

아빠의 돌연사로 시집살이에서 벗어나게 된 혜진이 엄마는 지금까지 재혼을 하지 않았습니다. 대신 외할아버지가 돌아가신 뒤 외할머니와 같이 살고 싶다며 외할머니를 모셔 왔습니다. 혜진이네는 외할머니, 엄마, 딸 넷 이렇게 삼대에 걸친 여자들이 함께 살고 있습니다.

Q   그러면 엄마가 9년 동안 혼자서 딸 넷을 키워 오신 거네요. 다른 집에 비해서 엄마에 대한 감정이 다를 것 같아요. 엄마가 혼자 계시니까. 엄마가 혼자

계시는 거에 대해서 무슨 생각이 들어요?

혜진   그냥 엄마가 아빠 있을 때나 없을 때나 똑같이 대해 주셔 가지고 별로 다른 건 못 느껴 본 거 같아요.

Q   엄마는 달라진 게 없는 거 같아요? 그러면 본인은 아버지가 돌아가시고 나서 어땠어요?

혜진   살아 계셨을 때도 일 때문에 많이 못 놀아 주셔서 지금 똑같아요.

Q   남자가 없어서 불편하거나 이런 거는 없었어요?

혜진   네, 더 편한 거 같아요.

Q   남자는 밖에 나와서 돈을 벌어 와야 돼, 못을 박아야 돼, 남자가 힘이 세니 남자가 있어야 해, 이런 식의 성별에 대한 일반적인 고정관념들 있잖아요. 집에서는 어때요?

혜진   슈퍼에서 많이 사면 혜민이가 힘이 세 가지고 다 들어요. 할머니도 힘이 세 가지고 비키라고, 자기가 든다고 그러고. 엄마는 벽에 못 박는 거 좋아해 가지고 박았다 뺐다 박았다 뺐다 그래요.

혜진이네는 아빠의 갑작스런 사망으로 싱글맘 가정이 됐습니다. 하지만 혜진이는 아빠의 사망에 따른 상실감을 별로 느끼지 않았습니다. 아빠가 살아 계실 때도 아빠의 자리는 비어 있었기 때문입니다. 아빠가 일하느라 바빠서 같이 시간을 보내지 못했던 것이 혜진이가 아빠의 부재에 적응하는 데 도움을 준 역설적인 상황입니다. 더욱이 엄마는 딸들이 아빠의 빈자리를 느끼지 않도록 하기 위해 최선을 다했습니다. 엄마가 딸들이 해 달라는 것은 다 해 주려고 노력하며 일관된 모습을 보인 덕분에 혜진이는 아빠의 사망 전후에 큰 차이를 느끼지 못했습니다. 혜진이네 식구가 많은 것도 아빠의 빈자리가 느껴지지 않는 한 요인이었습니다. 가끔 이모할머니까지 오셔서 집은 항상 복작복작했습니다. 외할머니, 이모할머니, 엄마, 그리고 언니들까지 혜진이와 혜민이를 잘 돌봐 주었습니다. 가족들은 함께 야식을 먹으러 나가고, 장도 같이 보고, 여행도 자주 다녔습니다.

혜진이는 이렇게 여자들끼리 살면서 어떤 불편함도 느끼지 못했습니다. 여자와 남자의 성차를 강조하며 서로 각각의 역할이 있기 때문에 집에 반드시 남자가 있어야 한다는 인식이 혜진이네에서는 통하지 않았던 것이죠. 장바구니를 든다든지 못을 박는 일은 일반적으로 힘이 센 남자의 역할이라고 규정되지만, 혜진이네 여자들에게는 전혀 문제가 되지 않았습니다. 사실 아빠가 있는 가정에서도 뭔가 문제가 생기면 출장 기사를 부르는 경우가 많죠. 또한 장바구니를 든다든지 못을 박고 전구를 갈아 끼우는 등 일반적으로 남자의 일이라고 생각되는 일들을 엄마가 하는 경우도 적지 않고요. 또한 힘이 센 여자도 있고 기계를 잘 다루는 여자도 있는 반면, 힘이 약하거나 기계치인 남자도 있잖아요.

엄마 몫까지 해내는 아빠

사실 '집에 아빠가 왜 반드시 있어야 하는가' 라는 질문에 대한 답은 '아빠가 돈을 벌어 와야 하고 못을 박아야 하고 장바구니를 들어 줘야 하니까' 는 아닐 겁니다. 아빠는 그렇게 '도구적' 으로 필요한 존재가 아니잖아요. 여러분도 잘 알다시피 아빠의 존재 의미는 아빠의 사랑입니다. 하지만 우리 사회에서 아빠는 '돈을 벌어 오는 사람' 으로 인식되고 있습니다. 가족들과 감정적인 교류를 하지 못하면서 아빠들이 느끼는 소외감도 굉장히 큽니다. 엄마에게 아이에 대한 책임을 전담시키는 우리 사회에서 아빠들도 희생자인 것입니다.

그래서 엄마가 없으면 아이를 어떻게 해야 할지 몰라 당황하는 아빠들이 적지 않습니다. 이런 아빠들이 이혼이나 사별 등으로 싱글대디가 되면 양육에 어려움을 겪습니다. 통계청에 따르면 2010년 한부모 가구 159만 4,000가구 중에서 부자 가정은 34만 7,000가구로 22%에 달했습니다. 모자 가정보다 수가 적고 경제적으로 더 나을 것이며 보통 할머니나 고모의 도움을 받을 것이라는 선입견에 의해 사회적 지원이 굉장히 적습니다. 하지만 이렇게 어려운 상황에서도 시행착오를 거쳐 가며 아이를 정성껏 키우는 싱글대디들이 적지 않습니다.

여러분이 잘 알고 있는 소설 『레미제라블』의 주인공 장 발장도 딸

코제트를 끔찍하게 사랑하는 딸바보 싱글대디였죠. 그런데 장 발장은 코제트의 친아빠가 아니에요. 소설의 배경인 19세기 초 프랑스에서는 많은 사람들이 가난에 시달렸지만 국가의 지원을 받기 어려웠습니다. 장 발장이 빵을 훔친 것도 남편이 병사하고 싱글맘이 된 누나와 조카 일곱 명을 먹여 살리려다 우발적으로 저지른 일이었죠. 장 발장은 빵을 훔쳤다는 죄로 감옥에 갇혔다가 출소 후 우여곡절 끝에 공장장이 되었습니다. 그리고 자신의 공장에서 일했던 팡틴이 사망하자 고아가 된, 팡틴의 딸 코제트를 입양했어요. 장 발장과 코제트는 입양을 통해 맺어진 부자 가정이었던 것입니다. 혈연관계도 아니고 엄마도 없는 '비정상 가족' 장 발장과 코제트가 누구보다 서로 사랑하고 의지하는 모습은, 시대와 국가의 차이 그리고 소설과 현실의 차이를 넘어 우리에게 시사하는 바가 큽니다.

3

용감한 엄마들, 즐거운 우리 집

*

가족 구성이 낯설다고 차별이라니?

2007년 10월 2일 법무부는 '차별금지법 제정안'을 입법 예고했습니다. 차별금지법은 '헌법상 평등의 원칙 실현'이라는 취지하에 국민 여론 조사부터 공청회까지 무려 4년에 걸친 검토와 국민 의견 수렴 과정을 거쳤습니다. 그러나 입법 예고 후 일부 보수적인 재계, 언론, 기독교 단체들이 반대 의견을 내자 법무부는 10월 31일에 성적 지향, 학력, 병력, 언어, 출신 국가, 범죄 전력, 가족 형태 및 가족 상황 일곱 개의 사유를 삭제했습니다. 법무부가 보수 세력과 타협한 결과 우리 사회 구성원 중에는 '법적으로 차별을 받아도 되는 사람'이 생기게 된 것입니다. 그러나 다행스럽게도 많은 운동 단체와 시민들이 누더기가 된 차별금지법의 제정을 막아 냈습니다. 이후 지금까지 차별금지법은

표류하고 있습니다.

이 차별금지법에서 가족 형태 및 가족 상황의 삭제는 '정상 가족'을 제외한 모든 가족들을 차별해도 괜찮다는 의미입니다. 사회적 편견과 경제적 어려움 속에서도 치열하게 노력하며 살아가는 싱글맘과 아이도 차별 대상에서 예외가 아니겠죠. 이것이 현재 우리 사회의 수준이라고 생각하면 한숨이 나오지만, 차별금지법 표류가 보여 주듯이 사회적 인식의 변화 가능성은 열려 있습니다.

가까운 일본에서는 2010년에 독신 가구가 전체 가구의 30%에 육박할 정도로 독신이 하나의 문화 현상으로 자리 잡았습니다. 사회학과 여성 연구에서 일본 최고의 지성으로 손꼽히는 동경대 우에노 치즈코 명예 교수는 『화려한 싱글, 돌아온 싱글, 언젠간 싱글』이라는 책을 집필했는데요. 싱글이 특수한 상황이 아니라 모든 사람들, 특히 여성들이 살면서 반드시 경험하게 되는 상태라고 설명합니다. 가부장적인 결혼 문화로 인해 결혼을 기피하는 여성(화려한 싱글), 이혼을 하는 여성들(돌아온 싱글)이 늘고 있기 때문입니다. 그리고 결혼해서 남편과 아이가 있다 하더라도 일반적으로 여성의 수명이 남성의 수명보다 길어서 대부분의 여성이 사별하게 됩니다(언젠간 싱글). 즉 결혼 상태에서 남편보다 일찍 죽은 여성을 제외하고는 모든 여성이 싱글이 되게 마련입니다.

이러한 통찰은 싱글 여성, 나아가 싱글맘에 대한 사회적 인식의 변화 가능성을 제기합니다. 우리 사회에서는 어떤 방식으로 싱글맘이 되든지 부정적인 꼬리표가 따라다녔죠. 미혼이나 비혼이면 철없는 엄마, 이혼하면 아비 없는 자식을 만든 이기적인 엄마, 사별하면 남편 잡아먹은 기 센 엄마라는 소리를 들어야 했어요. 그러나 이제는 많은 싱글맘들이 이러한 꼬리표가 남성 중심적이고 성차별적이라며 거부하고 있습니다.

사실 싱글맘에 대한 재해석은 최근에 시도된 것이 아닙니다. 대표적인 시도가 마를린 호리스가 각본을 쓰고 감독한 영화 『안토니아스 라인』입니다. 이 영화는 1996년 제68회 아카데미시상식에서 여성 감독의 작품으로는 최초로 외국어 영화상을 수상했습니다. 영화는 안토니아의 엄마, 안토니아, 딸 다니엘, 손녀 테레사, 증손녀 사라에 이르기까지 모계 5대의 이야기를 그리고 있습니다. 안토니아와 자손들은 남편과 아버지 없이 창조적이고 자유로운 삶을 살아갑니다. 평등한 사회를 지향해 마을에서 소외된 사람들을 보듬으며 따뜻한 공동체를 형성하고요. 영화는 가부장제의 대안으로서 독립적인 여성들이 주축이 되어 돌봄을 실현하는 유토피아를 제시하고 있습니다.

이러한 해석들은 싱글맘과 그 가정을 정상/비정상의 이분법적 범주에 위치시키는 것이 얼마나 무의미한지를 잘 보여 줍니다. 싱글맘 가족은 수적인 증가와 대안적인 가족 문화를 통해 '정상 가족'이라는 정의의 배타성과 편협함을 드러내고 있습니다.

*

다양한 가족을 만들 권리

2012년 서울에서는 굉장히 도발적인 전시가 열렸습니다. 언니네네트워크와 가족구성권연구모임이라는 단체가 '가정의 달' 5월을 맞아 '정상 가족 관람불가展'을 기획한 것입니다. 이 전시는 성적 소수자 가족, 비혼 여성 가족, 비혼모 가족, 장애 여성 가족, 비혼 여성 공동체, 주거 공동체와 공동체 가족의 실제 삶을 통해 다양한 가족들의 존재를 드러냈습니다. 기존의 '정상 가족'이라는 기준에 부합하지 않는 '비정상 가족'들의 삶과 고민을 조명해, 가족의 통념에서 벗어나 자신이 원하는 가족을 스스로 선택하고 만들 권리를 제안했지요.

실제로 부부와 미혼 자녀로 이루어진 가족을 더 이상 '정상 가족' 으로 보기 힘들어졌습니다. 통계청의 2010 인구주택 총조사에 의하면 전체 가구 가운데 부부 가구가 17.5%, 독신 가구가 23.9%, 한부모 가구가 9.2%로 이를 모두 합하면 50.2%에 달했습니다. 과반이 전형적인 핵가족 범주에서 벗어난 거죠. 이러한 경향은 시간이 지나면서 확산돼 2035년에는 1인 가구가 34.3%로 가장 보편적인 가구 형태로 자리 잡을 것이고, 2인 가구가 34.0%로 그 뒤를 이을 것으로 전망됐습니다. 10가구 중 7가구가 '정상 가족'에서 벗어난 가족인 셈이에요.

가부장제

가부장제는 '아버지가 우두머리가 되는 가족 제도'를 의미합니다. 가장은 강력한 권력을 가지고 있어서 안으로는 가족을 지배하고 통솔하며 밖으로는 가족을 대표해요. 아버지가 가정 내에서 절대적인 권력을 갖는 것은 아버지가 가족들의 생계를 책임지기 때문입니다. 아버지의 말은 집에서 '법'과 같은 권위를 갖기 때문에 가족들은 모두 아버지의 결정에 따라야 합니다. 그래서 아버지는 어머니를 내쫓을 수도 있었고 첩을 들일 수도 있었습니다. 자식을 가르친다는 이유로 때릴 수도 있었고 굶길 수도 있었죠. 가족의 생사가 아버지에게 달려 있는 것입니다.

이슬람 국가에서 심심치 않게 발생하는 '명예 살인'도 가부장제에 기인합니다. 청혼을 거절하거나 혼전에 성관계를 했거나 이혼을 하거나 바람을 피우거나 심지어 성폭행을 당해도, 가족의 명예를 훼손시켰다며 아버지나 남편이나 오빠나 남동생이 그 여성을 죽이는 사건이 끊임없이 발생하고 있습니다. 이러한 명예 살인은 여성을 한 명의 인격체가 아닌 남성의 소유물로 간주하는 전형적인 사례랍니다.

가부장제라는 용어는 가족에만 국한되어 사용되지 않습니다. 가부장제의 의미가 확장되어 남성이 여성을 통제하고 지배하는 사회 구조를 지칭해 '가부장 사회'라고도 합니다.

이러한 현실에서 어떤 가족이 정상이고 비정상인지를 규정하기 쉽지 않습니다. 오히려 '가족이란 무엇인가'라는 질문을 다시 하고 그에 대한 답을 현실에서 찾아야 할 것입니다. 이제 결혼과 출산을 통한 혈연 공동체로서의 가족뿐 아니라 자신의 가치관에 입각한 선택과 구성원 간의 관계를 중시하는 가족들이 대거 등장하고 있습니다. 새로운 가족 관계를 제시하는 이 가족들은 기존 가부장적인 가족의 대안이 될 수 있을 것입니다.

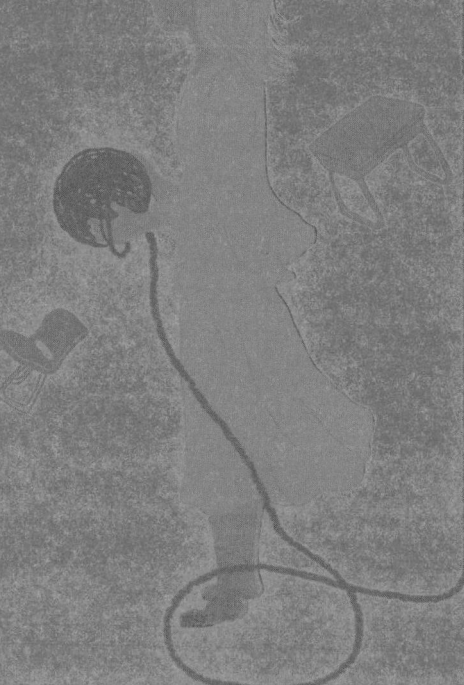

5장

딸이었던
엄마

1

엄마는 어렸을 때 딸이라고
차별을 받았대

*

History, His story?

여러분은 '허스토리'(herstory)라는 단어를 들어 본 적이 있나요? '허스토리'는 단어 그대로 그녀의 이야기(her story), 곧 여성의 역사라는 뜻입니다. 이 단어는 1960년대에 등장했는데요. 주류 역사가 '인류의 절반인 여성들의 역사를 배제한 남성들의 이야기'라는 비판이 출발점이었습니다. 여러분이 알고 있는 역사 속 위인들을 한번 떠올려 보세요. 나폴레옹, 아인슈타인, 세종대왕, 톨스토이 등등 남자가 대부분일 겁니다. 이들은 나라를 세우거나 다스리고 위대한 발견을 하고 훌륭한 작품을 써서 인류의 역사에서 위대한 업적을 남겼습니다. 반면에 여자는 퀴리 부인, 헬렌 켈러, 테레사 수녀, 나이팅게일 등 손에 꼽힙니다. 여성들은 성별 분업에 의해 대부분 가정 안에 있었고,

남녀 차별로 인해 교육도 제대로 받지 못했으며, 남편과 자식을 위한 삶을 사느라 이러한 업적을 남기기 어려웠으니까요. 일상에 기반을 둔 여성의 삶과 경험은 사소하고 무가치한 것으로 간주되어, 존재하지만 존재하지 않는 형국이 되어 버렸습니다.

게다가 남성에 못지않은 재능이 있었던 여성들은 불행한 삶을 살거나 역사에서 쉬이 잊혀지곤 했습니다. 우리나라 최초의 한글 소설인 『홍길동전』의 작가 허균에게도 뛰어난 재능을 지닌 누나가 있었답니다. 바로 허난설헌(1563~1589)이에요. 허난설헌은 여덟 살 때 「광한전백옥루상량문」(廣寒殿白玉樓上梁文)이라는 시를 지어 신동이라고 불렸습니다. 그림과 서예에도 능했고요. 하지만 열다섯 살의 어린 나이에 결혼한 후 남편의 외도와 고부 갈등으로 힘든 시집살이를 해야 했습니다. 번번이 과거 시험에 낙방한 남편은 자신보다 뛰어난 아내에게 열등감을 느껴 허난설헌을 멀리했습니다. 게다가 역병으로 두 아이마저 사망하자 허난설헌은 삶의 낙을 잃었습니다. 결국 스물일곱 살의 젊은 나이에 요절하고 말았죠. 하지만 허난설헌의 시를 아끼던 허균이 명나라 시인에게 누나의 작품 일부를 주어 중국에서 『난설헌집』이 간행되었습니다. 중국에서 허난설헌의 시들이 격찬을 받자 조선에서도 여성이라는 이유로 인정하지 않았던 허난설헌을 재평가하게 되었습니다.

이처럼 여성은 자신의 재주를 펼칠 기회를 얻지 못하거나 의도적으로 무시되었기 때문에 역사에서 여성이 차지하는 비중은 매우 적습니다. 여기에는 역사의 기록자가 대부분 남성이라는 사실도 많은 영향을 미쳤습니다. 그래서 여성들의 역사를 발굴하고 복원하려는 시도가 계속되고 있는 것입니다. 원래 역사를 뜻하는 '히스토리'(history)의 어원인 그리스어 '히스토리아'(historia)는 '발견'이나 '앎'을 뜻해서 '남성'과는 무관합니다. 그러나 우연하게도 현대 영어에서는 남자의 이야기(his story)라는 뜻으로 읽히고 역사가 실제로 남성들만의 이야기였기 때문에, '허스토리'라는 단어는 많은 공감을 얻었고 지금도 사용되고 있습니다.

*

서울로 간 순이가 우리 할머니야

서울 대방동에 위치한 여성사전시관의 인터넷 주소에도 '허스토리'라는 단어가 포함되어 있지요. 이곳은 주류 역사에서 잊혀진 여성들의 역사를 복원하기 위한 공간입니다. 2002년 개관한 이래 여성들의 삶을 기억하고 재조명하기 위한 전시들이 기획되었는데요. 2010년 4월에는 '서울로 간 순이'라는 제목의 전시가 열렸습니다. 이 전시는 어려서 고향을 떠나 서울로 올라와 일했던 우리 할머니 세대의 삶을 조명했습니다. 1960년대에 우리 사회는 급격한 산업화와 도시화를

겪었고, 농촌의 많은 십대 아이들
이 서울로 와 공장 노동자, 식모, 버스 차
장, 시다 등으로 일했습니다. 버스 차장으로 일한 아이
들은 버스 요금을 안 내고 타는 승객과 시비가 붙어 머리채를 잡히
는 일이 비일비재했고, 교통사고로 장애인이 되기도 했습니다. 공장
노동자로 일한 아이들은 저임금 장시간 노동에 시달렸고요. 전자제품
공장의 여공은 납 중독으로 얼굴이 누렇게 떴고, 봉제 공장의 여공은
섬유 먼지로 기침이 끊이지 않았습니다. 그래도 버스 차장이나 여공
은 월급이라도 받았죠. 월급을 주지 않아도 밥 먹여 주고 재워 주기
만 하면 식모로 일하는 아이들도 많았습니다. 집이 곧 직장이기 때문
에 24시간 일을 해야 하는 자리였지요. 게다가 식모들은 도둑질을 했
다는 누명을 쓰기도 하고, 주인집 아저씨에게 성폭행을 당하기도 했
습니다.

지금 같았으면 한창 공부할 나이인 아이들이 왜 학교에 안 다니고

돈을 벌었냐고요? 가족들의 생활비를 벌어

야 했기 때문입니다. 특히 한 명이라도 입을 줄이기 위해 반강제로 집

을 떠났지요. 사회 전체가 가난에 시달렸고 자녀가 많았던 1960년대

에는 형제 중에서 가장 될성부른 아들 한 명을 제외한 아들딸들이 학

업을 포기하고 돈벌이에 나섰습니다. 한 명의 아들에게 그야말로 전

가족이 '올인'을 한 것이죠. 그래서 당시에는 아들 한 명을 제외하고

대학에 진학하지 못한 건 마찬가지였지만, 같은 형제라도 교육 수준이

달랐습니다. 아들이 고졸이면 딸은 중졸이나 초졸인 경우가 많았죠.

딸들은 돈 들여 교육시켜 봤자 머리만 굵어져서 골치 아프고, 시집 보

내면 남의 식구가 된다고 생각했기 때문에 투자에서 제일 먼저 제외되

었습니다. 오히려 똑똑한 딸은 아들을 주눅 들게 한다는 이유로 천덕

꾸러기 신세였지요. 이렇게 딸들을 위시한 다른 형제들의 희생 덕에

한 명의 아들이 대학에 들어가면 그 집안은 '고생 끝, 행복 시작'이었

습니다. 대학에 들어간 아들이 사회에서 승승장구하면서 집안을 일으

켜 세웠던 것입니다. 하지만 가장 많이 희생한 딸들은 결혼으로 출가 외인이 되기 때문에 보상을 받지도 못했습니다. 낮은 학력과 괄시받는 직업과 부모의 방임으로 경제적으로 좋은 혼사를 치른 경우도 드물었고요.

이렇게 딸보다 아들을 중시하고, 자원이 한정되어 있다는 이유로 아들의 성공을 위해 딸의 희생을 당연시하는 부모들로 인해 많은 딸들이 피눈물을 흘려야 했습니다. 이러한 부모들의 태도는 이름에도 나타났는데요. 우리 할머니들을 보면 말녀(末女), 필순(畢順), 금녀(禁女), 필자(必子), 순남(順男), 윤남(胤男), 후남(後男), 수자(守子) 같은 이름이 많죠? 말녀, 필순, 금녀는 '딸 그만', 필자, 순남, 윤남, 후남은 '남동생을 보라', 수자는 '남자 형제들을 건강하게 지키라'는 뜻입니다. 본래 이름에는 아이가 어떤 사람이 되었으면 좋겠다는 부모의 바람이 들어 있습니다. 하지만 이처럼 딸의 탄생을 언짢아하고, 남자 형제를 위하는 뜻의 이름은 딸의 존재 자체를 부정하는 것과 다르지 않습니다.

*

엄마는 대학에 가고 싶어서 가출을 했어

할머니 세대의 경험은 딸바보 엄마 아빠들이 생겨나고, 아들보다 딸을 원하는 부모들이 많아지고 있는 오늘날과는 천양지차로 느껴집니다. 그렇다면 남아 선호 사상이 굉장히 심했던 할머니 세대와 다소 완화된 여러분 세대 가운데에 있는 엄마는 어떤 삶을 살았을까요? 1960년대에서 1970년대 초반에 태어난 엄마들이 많을 텐데요. 과도기에 십대 시절을 보낸 만큼 남아 선호 사상에서 자유로운 딸은 많지 않았습니다.

정은 엄마가 시골에 있을 때 농고를 보내 달라고 하셨대요. 일단 농고 가면 성적이 잘 나올 수 있을 거고 그러면 대학교도 갈 수 있고 그러니까. 그런데 외할아버지가 반대를 너무 심하게 하셨대요. "차라리 돈을 더 들여서 상고를 보내 줄 테니까 상고 나와서 동생들을 다 가르쳐라." 그러셨대요. 그렇게 의견 충돌이 있어서 열여섯 살 때 인천으로 가서 야간 상고 다니면서 낮에 일하고 밤에 학교 가고 그랬대요. 엄마는 집 나온 그때부터, 저 낳고 제가 두세 살 될 때까지 집에 안 들어갔대요, 외갓집에.

Q 엄마는 본인이 대학을 못 가신 것에 대해 뭐라고 말씀하셨어요?

정은 그냥 가끔씩 외할아버지가 동생 다 가르치라고, 상고 보내 준다고 했을 때 상고 다녔으면 적어도 이렇게는 안 살았을 거라고 후회할 때도 있고 그래요.

Q 그럼 외삼촌은 어떻게 명문대를 갔어요?

정은 모르겠어요. 외할머니랑 할아버지가 삼촌을 되게 지원을 많이 해 주려 하셨다고 들었는데. 삼촌이 태어났을 때는 전보다 집안 형편이 좋아졌다고 들었어요. 그래서 그게 제일 큰 거 같은데? 엄마는 작은 외삼촌이 재수할 때 외갓집에 연락도 안 했대요.

엄마는 1970년대 초반에 2남 2녀 중 장녀로 태어났습니다. 시골에 살면서 집안 형편이 썩 좋지 않았던 터라, 엄마는 대학에 가기 위해서 농고에 진학하겠다는 계획을 세웠습니다. 하지만 엄마의 계획은 뜻밖에도 외할아버지의 반대에 부딪혔습니다. 외할아버지는 엄마가 대학에 가는 것보다 동생들의 학비를 대기를 바랐습니다. 당시에 농고보다 상고가 돈이 더 많이 들었지만, 외할아버지는 돈을 더 들여서라도 엄마를 상고에 보내려고 했습니다. 상고를 졸업하면 취직이 더 쉬웠으니까요. 하지만 엄마는 동생들을 공부시키기 위해 대학을 포기하고 싶지 않았습니다. 엄마와 외할아버지는 서로의 입장을 굽히지 않았고, 결국 엄마는 가출을 했습니다.

인천으로 온 엄마는 생계를 위해 낮에는 일하고 밤에는 야간 고등학교를 다녔습니다. 가출로 인해 농고에 진학해 대학을 가겠다는 꿈을 이루지 못했을 뿐 아니라, 가고 싶지 않았던 상고를 그것도 야간으로 다녔습니다. 그럴 바에 집에서 살면서 외할아버지에게 학비를 받아 공부했으면 편했을 겁니다. 엄마는 그때 외할아버지의 말을 들을 걸 그랬다고 종종 후회를 합니다. 하지만 외할아버지가 엄마에게 장녀라는 이유로 동생들을 위한 희생을 강요하지 않았다면 엄마는 가출

하지도 않았을 겁니다. 엄마가 아들이었더라도 외할아버지가 그런 희생을 강요했을까요.

사실 한가정의 형제들이라 하더라도 부모에게 받는 기대와 지원은 제각각입니다. 엄마와 작은 외삼촌의 경우도 그랬습니다. 외할아버지는 엄마에게 빨리 취직해서 돈을 벌어 오라고 했지만 막내아들은 재수도 시켜 주었습니다. 결국 작은 외삼촌은 명문대에 진학했습니다. 가정 형편이 좋아졌다는 사실을 고려하더라도 외할아버지의 대우는 너무 달랐습니다. 엄마는 외할아버지에 대한 원망과 서운함 때문에 형편이 어려운 지금도 외가의 도움을 받지 않고 있습니다.

지금은 너도나도 대학에 진학하지만, 과거의 대학 진학률은 1970년 5.4%, 1980년 11.4%, 1990년 23.6%에 불과했습니다. 이렇게 낮았던 대학 진학률이 오늘날에는 90% 가까이에 육박하고 있습니다. 여러분 엄마 세대에도 대학은 여전히 소수의 사람들만 누릴 수 있는 특권이었던 것이죠. 대부분의 가정에서 아이들을 대학에 보내지 못했고, 대학에 보내는 소수의 경우에는 딸들의 양보와 희생으로 아들에게 기회가 돌아갔습니다. 그래서 1980년대 후반까지도 여성의 대학 진학률은 30%대에 머물렀습니다. 100명 중 30명이 대학에 갔다면 30명 중에 9명이 여성이었던 셈입니다. 이 여성들은 가정 형편이 좋거나 여자 형제만 있거나 딸의 교육도 중시하는 집안 출신이었습니다. 여성의 대학 진학률은 1990년대 중반이 넘어서야 절반에 가까워졌습니다.

누나보다 잘해야 한다니 스트레스야

1960년대 초반에 태어난 태민이의 엄마도 집안 형편 때문에 대학에 다니지 못했습니다. 엄마는 결혼 후에도 집안 형편이 좋지 않아 생계를 위해 돈을 버느라 아이들에게 마음껏 지원을 해 주지 못했습니다. 태민이는 그런 엄마에게 전혀 불만이 없었지만, 큰누나가 예상보다 좋은 대학에 진학하면서 큰 부담을 느끼게 됐습니다.

태민　　아, 그때 엄마한테 엄청 비교 많이 당했어요. 작은누나도 비교 많이 당했고. 그리고 친척들 만나면 잘하냐고 막……. 그거 제일 먼저 물어보시고. 아, 그래서 너무 힘들어요, 설날이나 추석이.

Q　　"누나가 잘했으니까 너는 아들이니까 더 잘해야 된다."고 느껴져요?

태민　　네. 엄마도 원래 처음에 그런 기대를 갖고 있는데, 기대 외로 제가 좀 못해서 아쉽다 하시고. 그러니깐 아, 뭐 저도 아쉽고 속상하니깐……. 그런데 뜻대로 안 돼요, 솔직히. 아, 그래서 힘들고. 요즘에는 제가 공부에 대한 스트레스가 제일 많은 거 같아요, 가족 그런 것보다. 이제 곧 있으면 수능도 봐야 되고.

Q　　'우리 사회는 왜 딸이 잘하면 아들은 더 잘할 것이라고 기대할까?' 이런 생각해 본 적 없어요?

태민　　아, 있어요. 그게 다 풍수 탓인가? 아니면 다 그렇게 생각하나? 옛날부터? 그래서 저는 제발 그런 고정관념은 버렸으면 좋겠어요. 어떻게 다 잘해요? 못하는 사람도 있으면 잘하는 사람도 있지. 솔직히 엄마도 아들이 더 잘해야 한다고 믿고 저를 엄청 믿었거든요. 그래서 엄마가 좀 많이 실망하시는 거 같아요. 그런데 여자들이 잘하면, 인정해야 될 건 인정해야 한다고 생각해요. 본받을 거는 본받아야 되고. 그래야 될 거 같아요.

엄마가 일하느라 집에 거의 안 계셔서 태민이는 아홉 살 많은 큰누나와 다섯 살 많은 작은누나의 보살핌을 받으며 자랐습니다. 특히 큰누나가 살뜰히 돌봐 주었습니다. 큰누나와 달리 작은누나와는 자주 싸웠고요. 큰누나는 집안 형편도 좋지 않았고 동생도 돌봐야 했기 때문에 학원을 다니지 않고 집에서 인터넷 강의를 들으며 공부했습니다. 큰누나의 상황은 친구들과 매우 달랐죠. 하지만 큰누나는 처지를 원망하기보다 더 열심히 공부하기로 마음먹었습니다. 학교가 끝나면 바로 집으로 와 동생 식사를 챙겨 주고 인터넷 강의를 반복해서 들으며 공부했습니다. 그렇게 노력했기 때문인지 비싼 학원 수업과 과외를 몇 개나 들어도 가기 어렵다는 명문대에 합격했습니다. 집안에서는 그야 말로 난리가 났죠. 친척들은 인터넷 강의만으로 명문대에 합격한 큰 누나를 머리가 좋고 의지가 강하다며 기특해했습니다. 그런데 문제는 여기서 시작됐습니다. 큰누나 칭찬에서 그치는 것이 아니라 동생들, 특히 태민이에게 온 친척들의 기대가 쏠린 겁니다.

태민이는 큰누나 손에서 자라다시피 했기 때문에 큰누나에게 항상 고마운 마음을 가지고 있었습니다. 누나의 명문대 합격이 매우 기뻤 고 누나가 존경스러웠습니다. 하지만 친척들, 그리고 엄마는 태민이 가 아들이라는 이유로 큰누나보다 당연히 공부를 더 잘할 거라고 기 대했습니다. 태민이는 기대에 부응해야겠다고 생각하기보다는 그런 기대가 부담스러웠습니다. 태민이도 집에서 인터넷 강의를 들으며 공 부하고 있지만 마음만큼 집중이 안 되고 성적이 잘 나오지 않았습니 다. 큰누나가 잘했다는 이유로 자기는 더 잘해야 한다는 압력을 받는 상황이 부당하고 억울하다는 생각이 들었습니다.

*

왜 엄마는 아들한테 부담을 줄까

왜 엄마는 태민이에게 이런 부담감을 주는 걸까요? 어렸을 때 딸이 라는 이유로 차별을 받기도 했고, 노골적인 차별을 받지 않았다 하더라도 그런 분위기에서 자랐으면서 말이죠. 바로 자신도 모르게 남아 선호 사상에 젖었거나 실제로 아들이 딸보다 사회에서 성공하기 쉽기 때문입니다. 우리 주위에도 부와 명예를 누리는 사람들 대다수가 남성이잖아요.

엄마들은 우리 사회의 심각한 남아 선호 사상 때문에 굉장한 고통을 겪었습니다. 과거에는 칠거지악이라고 해서 아들을 출산하지 못하면 쫓겨나기도 했고, 씨받이를 들여도 감내해야 했습니다. 또한 그 집안의 대를 끊어 놨다는 죄책감에 시달리기도 했고, 딸만 있는 집안이라고 동정과 무시를 받기도 했습니다. '딸을 낳았을 때는 6인실에서 눈을 떴는데 아들을 낳으니 1인실에서 눈을 떴다', '딸을 낳았을 때는 시부모님이 병원에 오지도 않았는데 아들을 낳으니 명품 백을 선물받았다' 등의 경험담을 흔히 들을 수 있었죠. 이러한 압력 때문에 엄마들은 아들을 낳을 수 있다는 민간요법을 샅샅이 모아 실천에 옮겼습니다. 딸을 임신하면 낙태를 하기도 했고, 아들을 낳을 때까지 계속 출산을 하기도 했습니다. 이렇게 아들이 있어야만 사회와 가정에서 대접을 받을 수 있었기 때문에 아들은 엄마를 죄인에서 효부로 만들어 준 고맙고 소중한 존재였습니다. 자기도 모르게 아들이 더 예쁘고 믿음직스럽게 느껴지는 것이죠.

그런데 남아 선호 사상은 단순히 딸보다 아들을 더 예뻐하고 아들에게 더 많이 기대한다는 감정적인 부분에 그치지 않습니다. 실질적으로 정신적·물질적인 희생을 딸에게 강요했고, 출생에도 영향을 끼쳤습니다. 보통 남아 선호 사상을 가늠하는 사회적 지표가 출생 성비입니다. 정상적인 출생 성비는 여아 100명이 태어날 때 남아가 105명 정도 태어나는 수준입니다. 그러나 아들을 선호하는 사회에서는 둘째, 셋째로 갈수록 성비가 높아집니다. 아들을 낳기 위해 여아 낙태라는 방법으로 성별을 인위적으로 선택하기 때문입니다. 우리 사회의 2001년 셋째의 성비는 141에 달했습니다. 지금은 남아 선호 사상이 많이 사라져 거의 정상 성비에 가까워지고 있지만, 여러분은 남아 선호 사상이 여전히 강했던 시기에 태어난 것이죠. 그래서 태민이도 이러한 문화 때문에 아들이니까 누나보다 잘해야 한다는 압력을 받고 있는 것입니다.

그런데 남아 선호 사상은 남존여비 사상에 기반하고 있습니다. 남존여비란 남자는 높고 귀하며 여자는 낮고 천하다는 생각입니다. 여자가 따라야 할 세 가지 도리라는 삼종지도(三從之道)에 대해 들어 봤나요? 결혼 전엔 아빠를 따르고 결혼 후엔 남편을 따르고 남편이 사망하면 아들을 따르는 것이 여자의 덕목이라는 뜻입니다. 여자는 태어나서 죽을 때까지 남자에게 의존해서 살아야 했고, 독립적인 존재가 될 수 없었던 것입니다. 이러한 시선은 동서양 모두 마찬가지였습니다. 서양 문화에도 여전히 이러한 인식이 남아 있는데요. 대표적인 것이 결혼식입니다. 우리나라도 대부분 서양식 결혼을 하고 있어서 여러분도 많이 봤을 거예요. 결혼식에서 신랑은 혼자서 씩씩하게 입장을 하지만, 신부는 아빠의 손을 잡고 조심스럽게 입장을 합니다. 입장이 끝나면 아빠가 신랑에게 신부의 손을 건네줍니다. 이러한 가부장성이 불편한 커플들은 결혼할 때 동시 입장을 하기도 합니다. 또 다른 예는 성입니다. 결혼 후에는 신부의 성이 아빠의 성에서 남편의 성으로 바뀝니다. 결혼한 여자를 의미하는 영어 단어 '미시즈'(Mrs.)는 남자의 호칭 '미스터'(Mr.)의 소유격이죠. 영어에서 여자는 미혼 '미스'(Miss)와 기혼 '미시즈'(Mrs.)로 구분되지만 남자는 결혼에 따른 구분이 없습니다. 그래서 이러한 차별적인 호칭에 대한 문제의식으로 결혼 여부와 무관하게 붙이는 호칭인 '미즈'(Ms.)라는 단어가 사용되기도 합니다.

2

엄마는 결혼해서도 희생만 해

독립을 위해 필요한 것

남자가 여자보다 우월하다고 믿는 가부장적인 문화에서 여성들이 꿈을 펼치기란 매우 어려웠습니다. 남성들과 출발선이 다르고 갖가지 장애물을 넘어야 했기 때문에 여성들은 몇 곱절의 노력을 해야 했습니다.

영국의 유명한 작가 버지니아 울프(1882~1941)도 여자라는 이유로 대학 교육을 받지 못하고 의붓오빠들에게 성추행을 당하는 등 여성으로서의 경험을 통해 선구적인 여성주의자가 되었습니다. 울프는 소설가로 알려져 있지만 사실은 여성주의, 평화주의, 사회주의 이론가입니다. 저명한 문예 비평가였던 아버지는 여자라서 교육을 받지 못하는 울프에게 자신의 책을 마음껏 읽을 수 있도록 했고, 특출한 재능이 있는 딸과의 토론을 즐겼습니다. 하지만 오빠와 남동생, 의붓오빠들이 사립 학교와 대학교에서 비싼 교육을 받는 것과는 비교할 수 없이 초라한 현실이었습니다. 울프는 1899년에 케임브리지 대학에 다니던 오빠와 친구들이 결성한 '미드나이트 소사이어티'라는 모임에서 문학, 종교, 정치를 논하며 세상에 눈을 뜨게 되었습니다. 1907년에는 '블룸즈버리 그룹'을 통해 다양한 지식인들과 교류하면서 여성이 교육을 받고 선거권을 갖고 돈을 벌고 글을 쓰는 일 등 모든 것이 '도전'인 현실에 분노할 수밖에 없었습니다.

심지어 여성은 대학 도서관에 들어가지도 못했습니다. 한번은 도서관 관리인이 울프를 보더니 얼굴이 붉으락푸르락해져서, 남자 교수를 데려오거나 소개장을 받아 오라며 제지한 일이 있었습니다. 울프는 이 경험을 바탕으로 1928년에 대학에서 강연을 했고, 강연 원고에 기초해 1929년에 『자기만의 방』이라는 책을 출판했습니다. 울프는 이 책에서 여자가 교육받지 못하는 현실에 대해 문제를 제기했습니다. 셰익스피어에게 재능이 비슷한 여동생이 있었더라도 여자라는 이유로 재능을 펼치지 못했을 것이라고 비판했습니다. 또한 여자가 글을 쓰기 위해서는 500파운드와 자기만의 방이 있어야 한다고 주장했습니다. 곧 '자기만의 방'은 경제적·심리적 독립을 의미하는 은유입니다. 이 책은 여성들에게 선풍적인 인기를 끌면서 베스트셀러가 되었고, 여성주의 문학의 고전으로 평가받고 있습니다.

여성주의

여성주의(feminism)라고 하면 남성을 비난하면서 여성의 권익만을 추구한다고 생각하는 사람들이 적지 않습니다. 그러나 여성주의는 여성과 남성 어느 한쪽의 문제가 아니라 성에 의한 차별을 만들어 내는 구조와 인식에 대해 깨닫고 현실을 변화시키자는 사상이자 실천입니다. 여성주의는 여성과 남성의 차이가 본질적인 것이 아니라 사회적으로 구성되는 것이라는 인식에서 출발했습니다. '여성은 태어나는 것이 아니라 만들어지는 것이다'(시몬느 드 보봐르), '개인적인 것이 정치적인 것이다'(캐롤 하니슈), '차이 그 자체가 아니라 차이를 열등성으로 만드는 데서 악이 창조된다'(거다 러너) 등의 유명한 명제들이 여성주의의 기본적인 지향을 나타냅니다.

여성주의는 서구에서 17세기에 생겨나 1890년대에서 1920년대에 걸쳐 여성의 평등권, 특히 참정권을 위해 투쟁하며 제1의 물결을 일으켰습니다. 1960년대에서 1970년대에 걸쳐 흑인 인권 운동, 반전 운동 등과 함께 여성 해방 운동이 전개되며 제2의 물결을 일으켰고요. 그리고 이후에는 기존의 여성주의가 서구 중산층 백인 여성 중심이었다고 비판하며 여성들의 '차이'에 주목해 왔습니다. 여성은 본질적이고 동질적인 집단이 아니라 계급, 종교, 인종, 섹슈얼리티, 민족, 언어 등에 따라 모두 다르다는 것입니다.

이러한 여성주의 내부의 성찰은 '내 안의 소수자성'의 발견과 인정을 강조하는 것으로 나아가고 있습니다. 이를테면 남성이라 하더라도 동성애자라면 사회에서 비난을 받고, 여성이라 하더라도 사회에서 크게 성공하기도 합니다. 이렇게 승승장구하던 여성이 임신을 이유로 퇴사를 종용받기도 하고요. 사실 성별뿐 아니라 학력, 계급, 외모, 나이, 언어, 섹슈얼리티, 국적, 병역, 가족 형태 등 사람을 구별 짓는 기준이 너무나 촘촘하기 때문에 누구도 모든 종류의 차별에서 자유로울 수 없습니다. 여성주의에서 '여성'은 이러한 소수자성의 은유인 것입니다. 내 안의 소수자성을 인정한다면 자신이 차별받은 경험을 바탕으로 다른 사람의 소수자성에 공감할 수 있습니다. 인간에 대해 이해하고 다른 사람들을 돌보면서 다양한 사람들이 함께 공존하는 사회를 만드는 것이 여성주의의 궁극적인 지향이랍니다.

*

엄마는 자기 용돈도 장보기에 써

울프가 이미 백 년 전에 여성의 경제적·심리적 독립을 주장했지만 여성이 자기만의 방을 갖기란 여전히 요원합니다.

주원이는 결혼 전에도 여자라는 이유로 희생했던 엄마가 지금도 가족들을 위해 희생하는 모습에 마음이 좋지 않았습니다.

주원 　저희 어머니 가족이 되게 많아요. 형제자매가 여섯인데, 남자들은 외할아버지가 다 대학에 보내셨대요. 그리고 이모들 중에서도 몇 분 공부 잘하시던 분은 보내셨는데, 저희 어머니도 공부를 좀 하셨지만, 외갓집 형편이 안 좋아서 대학 진학을 못 했어요. 그때 당시에 컴퓨터 쪽 엑셀이나 워드 같은 게 한참 취직도 잘되고 그래서 자격증을 따서 컴퓨터 관련 조그만 기업체에 취직을 하셨다고 들었어요. 결혼하면서 쉬다가 제가 아홉 살 정도 되니까 어머니가 그때부터 취직을 하려고 알아보신 것으로 알고 있거든요.

Q　그러면 엄마가 일을 하시면서 벌어 오는 돈으로 자녀들 교육을 시키신 거잖아요. 그런 건 어땠어요?

주원　어, 엄마가 개인적으로 돈이 없다는 게 아쉽기는 했어요. 이건 좀 최근에 든 생각인데, 그러니까 돈을 벌면 자기가 마음대로 운용할 수 있는 돈이 있어야 하잖아요. 엄마는 아빠보다 개인 돈으로 운용할 수 있는 금액이 적어요. 아빠는 20만원 정도고 엄마는 5만원 좀 넘는 걸로 알고 있어요. 그리고 엄마가 지갑에 돈을 채우고 다녀도 엄마 돈은 식재료나 그런 거 사는 데 써 버리니까.

Q　엄마가 본인이 번 돈을 개인적으로 쓰실 수 있다면 어디에 쓰시면 좋겠다고 생각해요?

주원　친구도 좀 만나고 다니고. 저희 엄마가 전주에서 올라오시다 보니까, 어렸을 때 사귀었던 친구는 다 지방에 있어요. 또 그때 당시 여자들이 결혼을 하면 남자 따라갔잖아요. 뭐라고 그럴까. 그때 사회적 통념이 여자가 남자를 따라가는 거였고. 엄마도 아빠 따라서 시흥까지 올라온 거고. 엄마 친구분들 다 그렇게 됐대요. 다 흩어진 거죠.

형제가 많았던 엄마는 대학에 진학하지 못하고 바로 취직을 했습니다. 엄마는 회사에서 번 돈을 결혼 전에는 집에 보탰고, 결혼 후에는 주원이와 동생의 교육비에 보탰습니다. 그런데 엄마와 아빠 모두 돈을 벌지만 개인적으로 쓸 수 있는 돈의 액수는 차이가 났습니다. 물론 전문대를 졸업하고 남자고 직장에 오래 다닌 아빠의 월급이 엄마보다 더 많았지만, 차이가 아주 많지는 않았습니다. 아빠는 술자리 같은 '사회생활'을 해야 한다는 이유로 용돈이 더 많았고, 엄마는 그나마 얼마 되지도 않는 용돈을 식료품 사는 데 쓰곤 했습니다. 그런 엄마를 보면서 주원이는 엄마도 아빠처럼 '사회생활', 곧 친구들을 만나는 데 돈을 썼으면 좋겠다고 생각했습니다. 하지만 엄마의 고향 친구들은 결혼을 하면서 다들 뿔뿔이 흩어졌습니다. 삼종지도의 일환으로 남편을 따라 움직였기 때문입니다. 주원이는 엄마에게 휴가가 주어진다면 엄마가 친구들이나 외가 식구들과 함께 여행을 했으면 좋겠다고 이야기했습니다. 돈뿐만 아니라 시간도 자신을 위해 쓰지 않는 엄마가 안쓰럽기 때문이랍니다. 누구나 자기 혼자만의 시간이 필요하지만, 가족들을 돌봐야 하는 엄마에게 혼자만의 시간은 사치인 것 같습니다.

*

왜 엄마는 가족을 위해서만 돈을 쓸까

여성들은 가족의 생계를 위해 끊임없이 돈을 벌었습니다. 앞서 언급한 여공, 버스 차장, 식모, 그리고 오늘날의 워킹맘뿐만이 아닙니다. 한국 전쟁에서 남편을 잃은 여성들은 당장 입에 풀칠을 하기 위해 낮에는 떡, 두부, 묵 등을 만들어 행상을 하며 거리를 돌아다녔고, 밤에는 삯바느질을 했습니다. 한 푼이라도 더 벌기 위해 잠 안 오는 약을 먹으며 삯바느질을 했다고 해요. 또한 1960년대부터 1970년대에는 여성들이 '외화벌이'를 위해 독일로 대거 파견되었습니다. 딸들은 부모의 경제적 부담을 덜어 주기 위해 독일행을 택했습니다. 파독 간호사 1만여 명은 온갖 고생을 하며 번 돈을 고국에 송금했고, 이 외화 소득은 경제 발전의 밑거름이 되었죠. 이처럼 여성들의 노동이 있었기 때문에 우리나라가 이렇게 빠른 기간 동안 경제적으로 성장할 수 있었습니다.

하지만 여성의 경제 활동은 폄하되었고, 여성은 아빠와 남편이 벌어 온 돈을 '쓰는 존재'로 간주되었습니다. 생계 부양자인 남성이 버는 돈은 많고 중요한 데 반해, 여성이 버는 돈은 액수도 적고 '덤'에 불과하다고 생각했기 때문입니다. 우리 사회는 여성들이 가정과 사회에 기여한 부분은 망각한 채, '남자들이 뼈 빠지게 벌어 오면 집에서 놀고먹는 여자들이 쓰기만 한다'고 비난했습니다. 그래서 여성들의 소비에는 '허영과 사치'라는 꼬리표가 따라다녔습니다. 1920년대 등장한 신여성은 신식 교육을 받았고 외모를 통해 자신의 정체성을 드러냈습니다. 하지만 짧은 치마를 입고 다리를 드러내고 화장을 한 신여성들은 식민지 조선의 현실과 자본주의의 모순을 망각했다고 비판받았습니다. 오늘날에는 소비를 통해 자신을 표현하는 여성들이 된장녀라고 조롱당하고 있습니다. 밥보다 비싼 커피를 마시며 허영에 젖어 있다는 것입니다. 신여성과 된장녀에 대한 비판은 모두 다음과 같은 전제를 담고 있습니다. '여자들이 쓰는 돈은 아빠, 남편, 남자친구 등 남자가 벌어 온 돈이니까 자신을 위해 쓰면 안 되고, 가족, 곧 남편과 아이를 위해 써야 한다. 반면에 남자는 자기가 번 돈이니까 자신을 위해 써도 될 뿐 아니라, 그 돈도 사회생활에 쓰니 결국 가족들을 위해 쓰는 것이다.'

이러한 사회적 인식으로 인해 엄마들은 자신을 위해 돈을 쓰는 것에 대해 죄책감을 느끼는 경우가 많습니다. 한 푼이라도 아껴서 살림에 보태고 싶어 하죠. 이것이 GOD의 「어머니께」라는 노래에 등장하는 '짜장면이 싫다고 하는 엄마', 가능하면 머리에 돈을 쓰지 않기 위해 잘 풀리지 않는 뽀글 파마를 했던 엄마들의 속내인 것입니다.

*

모든 면에서 엄마가 대단해

전업맘들 역시 집에서 놀고먹는 사람이 아닙니다. 가족들을 위해 가사노동과 돌봄노동 등 다양한 노동을 하는 전문가입니다. 엄마가 이런 노동을 하고 있기 때문에 아빠가 일에 전념할 수 있고 여러분이 생활할 수 있는 겁니다.

아역 배우인 민호는 엄마 덕분에 네 살 때 데뷔해 지금까지 연기 활동을 하고 있습니다. 민호의 매니저로 일했던 엄마는 민호가 아홉 살

되던 해에 동생이 생기면서 전업맘이 되었습니다. 민호는 매니저로서 능력을 인정받던 엄마가 다시 사회 활동을 하기를 바랍니다. 하지만 집에 있으면서 아빠와 어린 동생과 자신을 돌봐 주는 엄마의 역할도 중요하다고 생각합니다.

Q   엄마가 민호 어렸을 때 탤런트 되는 데 큰 영향을 미쳤고, 이것저것 엄청나게 많은 지원들을 해 주셨고, 지금은 주부로 계시면서 동생 키우고 집안일 하고 이렇게 살고 계시잖아요. 그런 삶을 사시는 엄마를 봤을 때 어떤 생각이 들어요?

민호   대단하시다는 생각이 들죠.

Q   대단하세요? 어떤 거가?

민호   절 이만큼 키워 주신 것도 그렇고. 그냥 모든 면에서 대단하신 거 같아요.

Q   그런데 우리 사회에서는 모든 엄마에게 자식한테 헌신하고 집에서 집안일하는 것을 요구하잖아요. 민호는 대단하다고 생각하지만 사회에서는 당연한 엄마의 역할이라고 보잖아요. 그런 사회적인 시선은 어떤 거 같아요? 내가 봤을 때는 대단한데 우리 사회는 그걸 왜 당연하다고 할까?

민호   자기들이 해 보면 알겠죠. 그게 얼마나 힘든 건가. 안 해 봤으니까 그런 생각이 나오겠죠. 해 봤으면 그런 얘기 안 나오겠죠. 집안일도 힘든데 남자들은 잘 안 하잖아요. 그런 것 때문이죠. 집에만 있다고 일을 안 하는 게 아니라 계속 일하시잖아요. 아버지 퇴근에 맞춰서 식사도 차려야 하고, 집안 청소도 계속해야 하고, 동생도 어리니까 동생도 돌봐야 하고, 여러모로 하시는 게 많으니까 제가 봤을 때 힘들어 보여요. 집안일이 쉽지는 않잖아요. 남자는 밖에서 일하지만 여자도 집에서 일하니까 힘들겠죠, 당연히. 엄마가 그렇게 해 주시니까 집이 항상 깨끗하고, 저도 이만큼 컸고 동생도 크고 있고. 뭐, 남들한텐 집안일한다고 인정받진 못하죠. 누가 봐 주는 사람도 없고. 그런데 가족으로선 고맙죠. 집안일 안 하시면 당장 집이 난장판이잖아요. (웃음)

대학에서 성악을 전공한 엄마는 사정이 있어서 졸업을 하지 못하고 중퇴를 했습니다. 엄마는 민호가 예술 쪽에 재능을 보이자 탤런트로 데뷔시켰습니다. 그리고 민호의 매니저로서 어린 민호가 연기를 할 수 있도록 다양한 지원을 해 주었습니다. 운전기사는 물론 연기 연습 상대가 돼 주었고, 민호가 힘들어할 때 달래 주었으며, 캐스팅 제의가 들어오면 민호의 이미지에 도움이 되는 역할인지를 판단해 주었습니다. 민호는 밤샘 촬영 후 잠이 든 자신을 깨우지 않으려고 업고서 집에 들어가던 엄마의 모습이 기억에 선합니다. 엄마는 5년 정도 매니저를 하다가 동생이 생기면서 전업주부가 되었고, 민호는 소속사에 들어갔습니다.

민호는 자신을 배우로 만들어 주고 지금까지 키워 준 엄마가 대단하다고 생각했습니다. 일반적으로 우리 사회는 집안일을 엄마의 당연한 의무라고 생각합니다. 하지만 민호의 생각은 달랐습니다. 민호에게 주부로서의 엄마는 매니저였을 때의 엄마와 연속선상에 위치하고 있습니다. 엄마는 매니저를 하면서 돈을 받지도 않았고 대외적으로 전문 매니저 대우를 받지도 못했지만, 엄마의 돌봄과 지원이 없었다면 민호는 배우가 되지 못했을 겁니다. 그런 사실을 잘 알고 있기 때문에 엄마가 하는 집안일도 매우 중요하고 힘들어 보였습니다. 민호는 직장일이나 집안일이나 힘든 건 마찬가지인데 남자들이 집안일을 하지 않기 때문에 얼마나 힘들고 중요한지를 모른다고 말했습니다.

*

엄마의 집안일을 돈으로 계산하면

민호 말대로 집안일은 해도 해도 끝이 없고 안 하면 바로 티가 나지만, 고맙게 생각하는 사람이 드뭅니다. 이는 우리 사회가 집안일을 하나의 '노동'으로 생각하지 않기 때문입니다. 엄마가 하는 빨래, 청소, 요리, 장보기, 아이 돌보기 등은 너무 일상적인 일이기 때문에 허드렛일로 보이지만 엄연히 노동입니다. 오히려 무엇보다 중요한 노동이죠. 엄마가 그런 일을 하지 않는다면 당장 아빠는 출근을, 여러분은 등교를 하기 어려울 테니까요.

이렇게 중요한 집안일이 그 가치를 인정받지 못하는 이유는 엄마가 일을 하지만 그 대가를 받지 못하기 때문입니다. 우리는 비싼 돈을 지불할수록 그것을 소중하게 생각합니다. 가격이 그것의 가치라고 생각하니까요. 그래서 엄마의 일에는 돈을 지불하지 않기 때문에 '무가치하다'고 생각하게 되는 겁니다. 엄마들은 하루 종일, 1년 내내 쉬지 않고 일하는데도 '노는 사람', '무직'으로 간주되었습니다.

그렇다면 엄마의 노동을 돈으로 환산하면 얼마일까요? 빨래와 다림질은 세탁소에 맡기고, 장보기와 요리는 외식으로 해결하고, 청소와 설거지는 가사 도우미에게 맡기고, 아이 돌보기는 베이비시터에게 맡긴다고 가정해 보면 대충 가격이 나옵니다. 이렇게 계산했을 때 엄마가 1년 동안 받아야 할 돈, 곧 연봉이 얼마일지 한번 맞혀 보세요. CJ홈쇼핑이 2006년에 주부 1만 5,332명을 대상으로 조사한 바에 따르면 약 3,081만원이었습니다. 조사 방법은 주부들의 음식 준비, 의류 정리, 청소, 아이 보기, 부모 봉양 등 가사 업무를 30여 가지 항목으로 나눈 뒤 해당 업무에 투입되는 시간을 곱해서 산출했습니다. 어떤가요? 어느 정도 가깝게 맞혔나요? 생각보다 많다고요? 3,081만원은 벌써 몇 년 전 조사 결과이니 연봉은 더 올랐을 겁니다. 그런데 엄마들의 71%가 이 조사 결과를 보고 생각보다 많다는 반응을 보였다고 합니다. 1,800만원 정도로 짐작하고 있었다네요. 이처럼 엄마들조차 '가사노동'의 가치를 실제보다 저평가하고 있습니다.

엄마가 연봉 3, 4천만원에 준하는 일을 무보수로 하고 있다니 놀랍지요? 웬만한 아빠의 연봉과 비슷한 수준입니다. 이렇게 엄마가 무보수로 일하기 때문에 여러분의 가정이 1년에 3, 4천만원을 절약할 수 있는 겁니다. 이처럼 엄마가 하는 집안일의 가치가 굉장히 높다는 사실은 오래전에 밝혀졌습니다. 하지만 우리 사회는 여전히 집안일을 중요하지 않다고 생각합니다. 앞으로는 엄마가 집에서 놀면서 아빠가 벌어온 돈을 쓰는 게 아니라, 자신을 위해 당당히 돈과 시간을 쓸 수 있는 권리가 있다는 사실을 잊지 말아야 할 겁니다.

3

아들딸이 모두 행복한 세상

*

아들을 낳으면 제주도 여행,
딸을 낳으면 세계 여행

　딸바보 부모들이 늘어나고 있는 요즘의 세태를 반영하는 우스갯소리가 있습니다. '딸 둘에 아들 하나가 금메달, 딸 둘이 은메달, 딸 하나 아들 하나가 동메달, 아들 둘이 목메달'이라네요. 요즘도 아들 낳는 민간요법에 대한 수요가 끊이지 않는데요. 아들을 낳는다고 알려진 것과 정반대로 해서 딸을 낳기 위한 목적으로 수집되고 있답니다. 이렇게 일부 부모들이 아들보다 딸을 더 좋아하는 이유는, 이제 더 이상 노후와 제사를 위해 아들이 있어야 한다고 생각하지 않기 때문입니다. 실제로 병원에 가 보면 할아버지는 할머니가 수발을 하고, 할머니는 딸이 수발을 하는 경우가 대부분입니다. 우리 사회에서 아들은

'남자답게' 자라야 한다는 이유로 감정 표현을 잘하지 못하게 길러져서 무뚝뚝하고 말이 없을 뿐 아니라 돌봄노동에도 서툽니다. 더욱이 부모에게 받는 것은 당연시하면서 그에 따른 의무는 아내에게 맡기는 경우가 비일비재합니다. 반면에 딸은 예전처럼 결혼으로 출가외인이 되는 것이 아니라 친정의 대소사에 관여하면서 친밀한 관계를 유지하는 경우가 많습니다. 딸들의 교육 수준은 높아지고 남편 혼자만 벌어서는 생계가 어려워 친정 엄마에게 아이를 맡기고 일을 하는 워킹맘들이 많아지고 있기 때문입니다. 그래서 '아들을 낳으면 제주도 여행을 하고, 딸을 낳으면 세계 여행을 한다'는 말이 심심치 않게 현실이 되고 있습니다.

이렇게 사회 분위기가 많이 바뀐 것은 역설적이게도 남아 선호 사상의 부작용에 기인합니다. 남아 선호 사상은 두 종류의 엄마들을 만들어 냈습니다. 남아 선호 사상에서 자유롭기 어려운 엄마들과 남아 선호 사상의 부당함을 잘 알고 있는 엄마들입니다. 아들이라는 이유로 부모에게 더 많은 사랑과 기대를 받고, 대학 진학이라는 특권을 누리고, 졸업 후 사회에서 승승장구하고, 부모의 재산 대부분을 물려받는 남자 형제들을 보면서 딸들은 부모에게 서운함을, 남자 형제들에게 박탈감을 느낄 수밖에 없었습니다. 남아 선호 사상을 지니고 있는 엄마들 못지않게 이에 비판적인 엄마들도 많을 수밖에 없겠죠. 이 엄마들은 현실에서 아들이 더 공부를 잘하고 사회에서 성공하는 이유가 아들이 딸보다 우월해서가 아니라 아들에게 더 많은 심리적·경제적 지원이 주어지기 때문이라고 생각했습니다. 그래서 딸이 아들보다 열등하다는 사회적 인식이 틀렸다는 사실을 증명하기 위해 딸의 교육에 온 정성을 쏟았지요. 이는 여자라는 이유로 부당한 차별을 받았던 자신에 대한 보상이기도 했습니다.

*

알파걸의 실종

이러한 엄마들의 노력으로 알파걸들이 생겨나기 시작했습니다. '알파걸'이라는 용어는 하버드대 아동심리학과 댄 킨들러 교수가 2006년에 『알파걸』이라는 책에서 처음 사용했습니다. 알파걸은 남학생들에게 뒤지지 않는 실력과 스스로에 대한 자신감을 지니고 있는 딸들을 지칭합니다. 오늘날에는 알파걸들의 활약으로 아들 가진 엄마들이 남녀 공학을 기피하기에 이르렀죠. 여학생들의 성적이 월등히 좋아서 남학생들이 내신에서 낮은 성적을 받고 있으니까요. 이제 대학 입학과 졸업뿐 아니라 각종 고시에서도 여성들이 수석을 차지하는 현상은 더 이상 새롭지 않습니다. 알파걸의 등장은 여성에 대한 우리 사회의 차별적인 사고를 많이 바꿔 놓았습니다.

그런데 이상하게도 알파걸들이 대학에 졸업하고 사회에 진출하면 더 이상 알파걸이 되지 못하는 현상이 나타나고 있습니다. 취직을 해도 회식과 야근 등 남성 중심적인 기업 문화로 인해 능력을 발휘하기 어렵고, 여성에 대한 신뢰 부족으로 중요한 업무를 맡기지 않기 때문입니다. 그러한 분위기에서 여성들이 열심히 노력해 능력을 인정받는다 하더라도 결혼과 동시에 매니저맘과 슈퍼우먼의 갈림길에 놓이게됩니다. 문정희 시인은 이러한 현실을 일찍이 「그 많던 여학생들은 어디로 갔는가」라는 시에 담았습니다. 1997년에 발표된 이 시를 읽어보면 오늘날 대학을 졸업한 여성들이 처한 현실과 놀랍도록 일치합니다. 십수 년이 흐른 지금도 여성들의 상황은 큰 변화가 없는 것입니다.

여러분 중에서도 '나처럼 살게 하지 않겠다' 고 다짐하며 딸을 위해 헌신하고 아낌없이 지원한 엄마 덕분에 '알파걸' 로 자라고 있는 친구들이 적지 않을 거예요. 여기서 '알파걸' 이란 꼭 성적이 좋거나 반장을 하는 여학생들을 의미하지 않습니다. "난 여자라서 안 돼.", "역시 남자들이 잘해.", "여자는 남자에게 사랑받는 게 최고의 행복이야.", "당찬 여자는 남자들이 싫어해.", "애는 반드시 엄마가 키워야 해." 등등 기존의 남성 중심적인 편견에서 자유롭게 자라나 자신감과 자기애가 있는 여학생들을 말하죠. 엄마들은 딸이 공부를 잘하는 것도 바라지만, 좋은 성적 못지않게 여자라는 이유로 차별받지 않고 자신의 꿈을 펼치며 행복하게 살기를 바랄 겁니다. 하지만 우리 사회는 변화가 너무나 느려서 여러분도 사회에 진출했을 때 선배들과 같은 좌절을 경험할 확률이 높습니다. 한국여성정책연구원에 따르면 2011년 우리나라 고학력 여성의 고용률은 60.1%로, OECD 국가들 가운데 최하위권이었습니다. 그중 여성 고용률이 60%에 머문 국가는 터키뿐이었는데요. 터키의 경우 64.4%로 우리나라보다 4%나 높았습니다. 대부분은 70%대였고 80%대를 기록한 국가도 적지 않았습니다.

*

가부장제에선 여자도 남자도 괴로워

이러한 상황이지만, 오랫동안 남성들이 누려 온 사회적 권력과 지위를 여성들과 나누는 것에 강한 거부감과 공포심을 느끼는 이들이 있습니다. 여전히 우리 사회에서 여성들은 유리 천장으로 인해 사회 지도층에 진입하지 못하고 있는데 말이에요. 여성들의 고위직 진출을 가로막는 직장 내 보이지 않는 장벽이 있는 거죠. 물론 과거에 비해서 사회 지도층에 진입하는 여성들이 늘어난 것은 사실입니다. 최초의 여성 대통령도 등장했고요. 소수의 여성들은 다수의 남성들보다 더 좋은 학벌과 직장과 연봉과 사회적 지위를 누리고 있습니다. 하지만 그렇다고 여성들의 일반적인 사회적 지위가 높아졌다고 말할 수는 없지요. 대부분의 여성들은 비정규직, 임시직으로 일하면서 부당한 대우를 받고 있지만, 이는 뉴스거리조차 되지 못합니다.

"법조계 '여풍' ⋯ 강력부 최초 여검사도", "광주경찰 '여풍' ⋯2년 연속 여성총경 배출", "롯데그룹에 거센 여풍⋯영플라자 3개점 모두 여성 점장", "KT, 상무 승진자 중 여성이 30%" 는 '여풍' 이라는 단어로 검색되는 신문 헤드라인의 일부입니다. 여성들의 성취가 이렇게 주목받는 것은 그만큼 우리 사회의 가부장성이 공고하다는 의미입니다. 이 헤드라인들을 보고 있으면 지금까지 강력부 검사, 총경, 상무

등이 대부분 남성이었고, 백화점처럼 여성이 주요 고객인 곳에서도 남성들이 점장을 해 왔다는 사실을 알 수 있어요. 이처럼 사회 지도층을 남성들이 독점하는 것이 '당연하고 자연스러운 현상'이었기 때문에 여성들의 약진이 '뉴스거리'가 되는 것입니다.

동명 소설을 영화화한 『악마는 프라다를 입는다』에는 여성이 주요 고객인 패션업계에서 살아남은 미란다라는 여성이 등장합니다. 세계 최고의 패션지 편집장인 미란다의 모습은 그녀가 여성으로서 어떻게 그 자리까지 올라갈 수 있었는지를 잘 보여 줍니다. 미란다는 피도 눈물도 없이 부하 직원을 착취하며 완벽주의를 추구합니다. 그 와중에서도 쌍둥이 딸들을 돌보기 위해 최선을 다하지만 남편의 성에 차지 않습니다. 결국 미란다는 두 번째 남편에게도 이혼 통보를 받아요. 이혼을 막으려 노력했던 미란다는 다음

날이면 "일에 미친 미란다, 두 번째 남편도 내몰아"라는 제목의 신문 기사가 쏟아질 것이라며 탄식합니다. 미란다의 비서인 주인공 앤드리아는 미란다처럼 성공할 수 있는 지점에서 과감하게 사표를 던집니다. 앤드리아도 미란다처럼 직장에 몰입하다가 남자친구에게 이별을 당할 위기였죠. 이 영화는 우리에게 '진정한 행복과 성공이란 무엇인가' 라는 질문을 던집니다. 그리고 여성이 사회에서 성공하려면 가정에 소홀하고 피도 눈물도 없는 '악마' 가 될 수 밖에 없는 것인지 되묻습니다. 언제나 남성이 여성보다 우월해야 한다는 믿음이 성공하는 여성을 '악마' 로 만들어 버리는 것입니다.

이러한 믿음은 여성들뿐만 아니라 남성들에게도 고통을 줍니다. 자신보다 어려운 상황에 처한 수많은 여성들은 보이지 않고 자신보다 사회적 성취가 뛰어난 소수의 여성들을 보면서 열패감을 느끼게 되기 때문입니다. 우리 사회는 고통을 만들어 내는 근본적인 원인에 도전하기보다 여성과 남성이 서로 깎아내리고 질투하는 성(性) 전쟁의 양상으로 치닫고 있습니다. 이러한 현실은 여러분 모두에게 많은 것을 시사합니다. 여자라는 이유로 차별받지 않고 자신의 꿈을 펼치고 싶어 하는 딸들, 그리고 그러한 딸들의 약진에 긴장하는 아들들이 바로 여러분의 모습일 겁니다. 가부장제 문화에서 살아온 엄마의 삶을 이해하고 나아가 가부장제를 변화시키려는 지금 여러분의 노력이 성 전쟁이 아닌 공존의 출발점이 될 겁니다.

인간
엄마

1

엄마로 산다는 건 어떤 걸까?

*

나실 제 괴로움 다 잊으시고

"나실 제 괴로움 다 잊으시고 / 기르실 제 밤낮으로 애쓰는 마음 / 진 자리 마른 자리 갈아 뉘시며 / 손발이 다 닳도록 고생하시네 / 하늘 아 래 그 무엇이 높다 하리오 / 어머님의 은혜는 가이없어라―" 여러분이 5월에 많이 부르는 「어머니 은혜」라는 노래입니다. 노래를 부르면서 엄마의 고생과 사랑이 새삼스레 떠올라 숙연해진 친구들도 많았을 겁 니다. 이 노래는 세상에서 엄마의 은혜가 가장 높다고 말하고 있는데 요. 그만큼 출산의 고통과 양육의 어려움은 무엇과도 견줄 수 없을 정 도로 큽니다. 실제로 임신과 출산이 원인이 되어 산모가 사망하는 경 우가 적지 않습니다. 의학이 발달하기 전에 출산은 산모의 생명을 걸 어야 할 정도로 위험했고, 지금도 개발 도상국의 15~35세 여성들이 사망하는 원인 가운데 20%는 임신과 출산에서 발생하는 합병증 때문이라고 합니다. 물론 개발 도상국이 아닌 국가의 여성들도 사망하는 경우가 생기는데, 우리나라에서도 2011년에 81명의 임산부가 사망한 것으로 조사됐습니다.

그런데 무사히 출산을 한 후에도 양육 과정에서 사망하는 엄마들이 있습니다. 화재나 지진 같은 사고를 당했을 때 초인적인 힘을 발휘해 아이를 구해 내고 자신은 죽음을 맞이한 엄마들입니다. 이러한 사연을 접할 때마다 우리는 매우 숙연해집니다. 자신의 안전을 최우선시하는 인간의 본능에도 불구하고 아이를 위해 자신을 희생한 엄마들의 모습은 마치 인간을 초월해 신의 경지에 도달한 듯이 숭고해 보이기까지 합니다.

*

마당을 나온 암탉도 모성 본능이?

100만 부 넘게 팔리고 애니메이션과 연극으로도 제작된 동화 『마당을 나온 암탉』의 결말도 이와 유사합니다. 양계장에 갇혀서 무정란을 낳던 암탉 잎싹은 자신의 알을 품어 병아리의 탄생을 보겠다는 소망으로 마당을 나옵니다. 배부르고 안전한 마당과 달리 밖은 거칠고 위험했습니다. 하지만 잎싹은 청둥오리의 알을 품어 초록머리의 엄마가 되어서 자신의 소망을 이루게 됩니다. 늠름하게 성장한 초록머리는 청둥오리의 파수꾼으로서 무리들과 함께 힘찬 비행을 합니다. 잎싹은 초록머리를 떠나보내고 천적 족제비에게 늙고 지친 자신의 몸을 내어 줍니다. 자신과 초록머리를 끈질기게 위협했던 족제비도 어린 새끼들의 엄마라는 사실을 알았기 때문입니다.

황선미 작가는 이 동화를 통해 "정체성, 자유의지, 소망 등을 그리고자 했고 모성은 소망의 대체 표현이었다."고 설명했습니다. 하지만 많은 독자들은 이 동화에서 엄청나게 희생적이고 헌신적인 모성을 보았습니다. 닭인 잎싹이 자신과 종이 다른 초록머리를 헌신적으로 키우는 모습은 혈연주의가 강하고 입양을 백안시하는 우리 사회에 성찰적인 메시지를 전달합니다. 하지만 초록머리와의 이별로 고통스러워하던 잎싹이 천적인 족제비의 새끼에게조차 자신의 몸을 내어 주는 결말은 잎싹의 존재 의미가 모성인 것처럼 보이게 합니다.

이 결말에 어떤 독자들은 감동을, 또 다른 독자들은 불편함을 느꼈을 겁니다. 이는 자신의 정체성과 존재 의미를 아이의 엄마로 규정하고 자식을

위해 자신의 모든 것, 급기야 목숨까지도 희생하는 모성을 위대하다고 생각하는 사람들도 많지만, 그러한 모성에 거부감과 부담감을 느끼는 사람들도 적지 않은 현실과 조응합니다. 더욱이 우리 사회는 이러한 모습을 특별히 헌신적인 소수의 엄마들에게나 가능하다고 생각하기보다 '모성 본능'이라는 이름으로 모든 엄마들에게 당연한 것으로 기대합니다. 모성을 학습된 것이 아니라 태어날 때부터 지니고 있는 속성처럼 여기는 것이죠. 여자는 임신, 출산, 모유 수유 등 '엄마'가 될 수 있는 생물학적 능력이 있으므로 자식을 극진히 돌보는 자질인 모성 역시 타고난다는 것이 '모성 본능'의 의미입니다.

하지만 우리는 모성을 본능으로 볼 수 없는 사례들을 현실에서 쉽게 찾아볼 수 있습니다. 신체적·경제적 능력이 있어도 출산을 하지 않는 여성, 출산 후 양육이 힘들어 우울증에 걸리는 여성, 아이의 교육보다 자신의 삶을 더 중시하는 여성 등 수많은 사례가 있죠. 그런데 사례가 아무리 많다 하더라도 '모성 본능'이라는 믿음이 깨지기보다는 이러한 여성들이 '비정상'으로 간주되고 비난받습니다. 이처럼 우리 사회는 '모성 본능'에 대한 믿음이 강하기 때문에 자신이 평범한 엄마들보다 모성이 부족하며 비정상적이고 나쁜 엄마라고 자책하는 엄마들이 적지 않습니다. 아이의 건강, 인성, 성적, 발육, 교우 관계 등 모든 것을 엄마의 책임으로 돌리는 사회에서 엄마가 해야 할 수많은 일들을 완수하기란 불가능하니까요. 또한 사회적 자아도 중시하는

모성의 발명

모성이 본능이라면 어느 시대, 어느 나라에서나 여성들은 엄마가 되고 싶어 하고, 자식을 끔찍이 사랑하며 헌신적으로 돌봤을 겁니다. 그리고 그렇지 않은 여성들은 '비정상'으로 간주돼 비난받았을 거고요. 하지만 대부분의 여성들이 모성과 거리가 멀었던 시대가 있었습니다. 프랑스의 여성주의 철학자 엘리자베트 바댕테르는 『만들어진 모성』에서 17세기부터 20세기에 걸친 모성의 역사를 추적하고 있습니다. 17세기부터 18세기까지 프랑스에서는 가난한 엄마들뿐 아니라 부유한 엄마들도 건강, 미용, 사교 활동을 이유로 아이를 유모에게 맡기는 경우가 대부분이었습니다. 당시에는 여성들에게 사교 활동이 무엇보다 중요한 과업이었던 반면, 어머니가 되는 것은 어떤 명예도 없었기 때문입니다. 부모들은 아이를 자신들의 자유로운 일상에 걸리적거리는 방해물로 취급해 아이를 낳자마자 아이가 눈앞에서 사라지기를 바랐습니다. 엄마들은 아이를 유모에게 맡겼고, 아이가 잘 크고 있는지 들여다보지도 않았습니다. 결국 제대로 된 돌봄을 받지 못하고 병에 걸리거나 죽는 아이들이 굉장히 많았습니다. 사람들은 이러한 상황을 문제라고 생각하지 않았고요.

그런데 18세기 말부터 인구가 국가의 부와 국력으로 인식되면서 아동은 경제적 가치를 지닌 존재로 간주되기 시작했습니다. 이에 국가는 영아 사망률을 감소시키기 위해 어머니들에게 양육과 모유 수유를 권장했습니다. 어머니들이 아이들을 돌보도록 하기 위해 좋은 어머니가 되면 행복과 존경을 얻을 것이고 가정에서 중요한 자리를 차지하게 될 것이라고 설득했고요. 육아가 의무, 책임, 희생이 아닌 사랑, 행복, 존경 등을 의미하게 된 것이죠. 200년이 지난 오늘날에도 여전히 뿌리 깊게 살아 있는 모성 본능이라는 신화가 이때 탄생한 것입니다. 프랑스의 사례는 모성이 본능이 아니라 사회적으로 만들어진 것이라는 사실을 잘 보여 줍니다.

엄마들은 아이를 위해 엄마 이외의 정체성을 포기하지 못하는 자신이 '이기적'인 것은 아닌지 고민하게 됩니다. 사회도, 가정도, 가끔은 아이도 환영하지 않는 여러 개의 정체성을 고수하는 것은 고달픕니다. 더불어 결국 아이가 엄마를 원망할 거라는 두려움이 더해져 갈등은 더욱 깊어져만 갑니다.

*

엄마처럼 살게 될까 봐 무서워

그런데 이렇게 '숭고하고 희생적인 모성 본능'이라는 거대한 믿음 앞에서 고군분투하는 우리 시대의 엄마들은 사실 외할머니의 삶을 보면서 "나는 엄마처럼 살지 않을 거야."라고 수없이 다짐했던 딸들입니다. 학교도 제대로 다니지 못한 채 처음 보는 사람에게 시집와 줄줄이 출산을 하고 집안일, 밭일, 시부모 봉양에 생계 벌이까지 했던 엄마를 보면서 딸들은 고마움과 함께 공포를 느꼈습니다. '엄마처럼 살고 싶지 않다'기보다는 '엄마처럼 살 수가 없다'는 게 더 정확한 표현일 겁니다. 그런데 엄마의 희생으로 교육도 받고 자신의 의사가 반영된 결혼도 하고 피임으로 출산도 조절했지만, '엄마'가 된 순간 구체적인 일상이 다를 뿐 본질은 변함없는 '엄마의 삶'을 살고 있는 자신을 발견하게 됩니다. 그리고 이제 이 엄마의 딸들이 또 다시 "나는 엄마처럼 살기 싫어!"를 외치고 있습니다.

경미는 희생적인 엄마 덕분에 남부럽지 않게 자랐지만 자신은 결코 엄마처럼 살고 싶지 않았습니다.

경미   저 그런 거 되게 싫었거든요. 엄마가 자기 일 안 하는 것. 엄마는 공예를 되게 잘하신단 말이에요. 제가 어릴 때는 제빵이랑 요리를 잘하셔 가지고 동네 아주머니들 가르쳐 주는 거 계속하셨고 지금은 서울 무슨 공예협회 부회장이에요. 되게 손재주가 좋으신데, 자식 먹여 살리시겠다고 그런 거 다 안 하고 이러니까 저는 너무 답답한 거예요. 아빠는 일하면서 맨날 골프 치러 다니고 하는데, 엄마는 하는 게 설거지, 청소밖에 없는 거 같고. 그러면서 또 자기도 돈 벌어야 된다는 압박감에 시달리고……. 그런 걸 보면서 짜증이 났던 거 같아요. '엄마가 저렇게 사니까 나한테도 뭔가 저런 걸 강요하지 않을까.' 그런 불안감 있잖아요. 나도 엄마처럼 살아야 될 거 같은데, 엄마처럼 하고 싶은 거 못 하면서 살기 너무 끔찍한 거예요. 그래서 엄마한테 괜히 "엄마는 왜 엄마가 좋아하는 일 하는 게 하나도 없어?"라고 하면서 성질내고 그랬거든요. 지금도 돈 벌려고 그러시는 거 보면 안쓰럽고 그래요. 아빠가 아무리 좋은 분이어도 라면 하나 못 끓이는 분이니까 그런 것에 대해서도 아빠가 너무 짜증 나고, 가서 또 라면 끓여 주고 있는 엄마한테도 짜증 나고.

장녀였던 엄마는 동생들을 위해 대학을 포기하고 서울에서 취직을 했습니다. 취직 후 어느 정도 돈이 모이자 외할머니는 "다 먹여 살려라."며 오빠와 남동생을 엄마에게 올려 보냈습니다. 법대에 가고 싶었던 엄마는 공부도 하지 못했을 뿐 아니라 남자 형제들을 뒷바라지하느라 먹고살기조차 힘들었습니다. 결혼 후 엄마는 자식들이 자기처럼 살지 않기를 바랐고, 자식들에게 최선을 다했습니다. 그런 엄마 덕분에 경미는 '곱게' 자랄 수 있었죠. 하지만 딸들을 자신처럼 살게 하지 않기 위해 노력해 온 엄마의 삶은 역설적으로 경미가 살고 싶지 않은 삶이었습니다. 결혼 전에 오빠와 남동생을 위해 희생했던 엄마는 결혼 후 남편과 자식을 위해 희생하고 있었으니까요. 어디에도 엄마 자신을 위한 삶은 없어 보였습니다. 경미는 그런 엄마에게 고맙기보다 답답한 마음이 더 컸습니다. 자신의 미래를 보는 것 같았기 때문입니다.

*

대한민국에서 엄마로 산다는 것

동아제약의 2012년 박카스 광고는 이런 현실을 '대한민국에서 엄마로 산다는 것' 이라는 주제에 잘 담아냈습니다. 돌이 갓 지나 보이는 딸을 달래느라 애를 먹고 있는 엄마는 유치원에 다니는 딸을 키우는 엄마를 부러워합니다. "부럽다, 언제 커서 뛰어 노냐." 하지만 유치원생 딸은 마중 나온 엄마의 주위를 빙빙 돌다가 지나가던 자전거에 치일 뻔합니다. 엄마는 놀란 가슴을 쓸어내리며 중학생으로 보이는 딸과 걸어가는 엄마를 부러운 눈으로 바라봅니다. "부럽다, 넌 언제 클래." 하지만 중학생 딸은 무언가를 궁금해하는 엄마에게 "말하면 엄마가 알아?"라고 짜증을 내고 휑하니 가 버립니다. 엄마는 딸을 출가시키고 외할머니가 된 엄마를 부러운 눈으로 바라봅니다. "부럽다, 시집 보내면 다 키운 거지." 하지만 외할머니가 된 엄마는 아기 엄마가 된 딸에게 줄 김치를 잊어버리고 미안해합니다.

광고는 차례로 등장했던 엄마들을 한 화면에 담으면서 딸이 몇 살이 되어도 '딸의 엄마'라는 사실은 변함없고 엄마의 역할은 끝이 없다는 점에서 엄마의 '피로'를 말하고 있습니다. 이 엄마들은 동시대를 살고 있는 엄마들의 모습이기도 하지만, 서로의 과거이자 미래이기도 합니다. 외할머니는 처음에 등장한 젊은 엄마의 미래이기도 하고, 또 그 엄마에게 안겨 있는 딸들의 미래이기도 합니다. 엄마들은 서로 비슷한 삶을 살고 있을 뿐 아니라, 시간이 흘러도 변함없는 삶을 살고 있는 것입니다. 많은 시청자들이 이 광고에 공감했는데요. 이는 엄마의 삶을 피로하다고 느끼는 사람들이 당사자인 엄마들만은 아니라는 사실을 반증합니다. 엄마의 사랑과 희생에 존경과 감사의 마음이 들지만, 광고에서 느껴지는 피로감만큼이나 엄마의 삶과는 거리를 두고 싶은 마음이 생기는 것도 사실입니다.

2

엄마도 자아 찾기가 필요해

*

엄마에게도 엄마만의 꿈이 있어

전업맘이건 워킹맘이건 엄마들에게 부과되는 삶의 무게는 굉장합니다. 그런데 그러한 삶에 회의를 느끼기보다 자신의 삶에 최선을 다하면서 자아를 실현하는 엄마들도 적지 않습니다. 엄마와 아내의 삶에 만족하는 엄마들은 그러한 삶을 통해 자아를 실현하고, 일하는 엄마들도 일을 통해 자아실현을 꿈꿉니다. 하지만 엄마들이 일을 하면서 자신의 꿈을 실현하기란 매우 어렵습니다. 집안일을 하면서 취직 준비를 해야 하고, 취직한 후에도 집안일의 책임은 엄마에게 있으니까요. 또한 '아줌마'라는 이유로 할 수 있는 일이 매우 제한적입니다.

태민이도 워킹맘으로 힘들게 사는 엄마를 보면서 엄마가 짊어진 삶의 무게를 어느 정도 느낄 수 있었습니다. 하지만 태민이는 남자이기

226

때문에 엄마처럼 살게 될 거라는 두려움에 공포스럽기보다는 엄마처럼 살지 말아야겠다는 '다짐'을 했습니다. 그런데 마냥 고생만 하던 엄마가 자신의 꿈을 이루자 태민이는 힘이 들더라도 엄마처럼 하고 싶은 걸 해야겠다고 생각하게 되었습니다.

태민　엄마가 다른 엄마들이랑 참 달라요. 다른 엄마들은 다 진로를 정해 주시는데 엄마는 네가 원하는 걸 하라니깐. 그런 점에서는 엄마가 좋은 거 같아요.

Q　엄마는 무슨 전공을 하셨어요?

태민　엄마가 고졸이었는데 재작년인가 작년에 방통대를 나와 가지고. 교육학 같은데.

Q　대단하시네요. 직장 다니면서 방통대 공부도 하셨을 거 아니에요.

태민　네. 직장 다니면서 하다가, 직장 그만두고 다니다가, 인제 공부방 차리시고 이렇게…….

Q　엄마가 보험 회사 다니실 때 퇴근은 빨리 하셨어요?

태민　아뇨, 그때도 퇴근은 6시, 7시? 그리고 집이랑 멀어서 좀 많이 늦으셨어요. 한 8시나 8시 반? 그런데 집안일이 있으니깐 집안일 하시고 주무시는 거 같은데. 너무 힘드니까…….

Q　엄마 그렇게 사시는 거 보면서 무슨 생각 했어요?

태민　음……. 엄마는 과연 저 삶에 만족을 할까? 그게 제일 궁금했어요. 그런데 만족을 안 하겠죠? 그리고 '나는 저렇게 되지 말아야겠다. 힘들게는 살지 말아야겠다.' 그렇게 생각했던 거 같아요.

Q   '엄마는 결혼 전에 어떤 인생을 꿈꿔 왔을까?' 이런 상상을 해 본 적이
있어요? 아니면 들어 본 적이 있어요?

태민   들어 본 적은 있어요. 엄마는 엄청 간절하게 학교 선생님 하고 싶었다고
하셨고. 엄마도 나름 열심히 하셨는데 집안 사정 때문에 어쩔 수 없이 공부를 포
기했던 거라서 지금도 생각하면 너무 아쉽다 하시고. 그래서 엄마한테 기회가 와
서 저는 그거에 대해서는 기분이 좋아요, 차라리. 그래서 엄마도 좋아하시고.
음……. 저는 엄마 생활이 힘들더라도 엄마가 하고 싶었던 거를 하니까 만족한다
고 생각하는데 엄마는 어떻게 생각하실지 모르겠어요.

엄마는 태민이가 태어나기 전부터 생계를 위해 일을 했습니다. 태
민이가 두 살 때 IMF 때문에 부모님이 함께 운영하던 가게가 망하면
서 태민이네 집은 급격히 어려워졌습니다. 태민이는 엄마 친구의 손
에서 자랐고, 조금 큰 후에는 누나들이 돌봐 줬습니다. 누나들이 엄마
의 빈자리를 많이 채워 줬지만, 가정 형편상 엄마가 일을 해야 하는
상황을 이해하면서도 태민이는 엄마에게 서운한 감정을 지니고 있었
습니다. 하지만 태민이도 자라고 엄마도 직업을 바꾸면서 서운한 마
음이 많이 사라졌습니다. 보험 회사에 다니던 엄마는 직업을 바꾸기
위해 직장일과 집안일을 병행하면서 대학 공부까지 했습니다. 태민이
가 옆에서 보기에도 너무 힘든 시간이었지만 엄마는 묵묵히 견뎌 냈

습니다. 가난 때문에 포기해야 했던 자신의 꿈을 이룰 수 있다는 희망이 있었기 때문입니다. 결국 엄마는 교육학 전공으로 대졸 학력을 취득했습니다.

엄마는 보험 회사를 그만두고 집에 공부방을 열었습니다. 일주일에 이틀은 오전 11시부터 오후 5시까지 초등학교에서 시간제 교사로 학생들을 가르쳤고요. 엄마가 집에서 공부방을 하면서 수입도 더 좋아졌고 태민이와 함께 있는 시간도 많아졌습니다. 한마디로 일석이조의 상황이었죠. 엄마와 함께 보내는 시간이 많아지면서 태민이는 엄마의 삶에 대해 조금 더 알게 되었습니다. 엄마가 일하는 모습을 직접 보게 된 것입니다. 아이들은 끊임없이 태민이네 집에 왔고, 엄마는 거의 쉬지도 먹지도 못하고 아이들을 가르쳤습니다. 주말에도 아이들이 왔기 때문에 엄마가 쉴 수 있는 시간이 별로 없었습니다. 몸이 아파도 병원에 갈 시간을 내는 것조차 쉽지 않았죠. 게다가 아이들이 엄마 말을 잘 듣지 않아 엄마가 힘들어하는 모습도 종종 봐야 했습니다.

이렇게 태민이는 가까이에서 엄마를 지켜보면서 복잡한 감정을 느꼈습니다. 엄마의 삶은 너무 힘들어 보였지만, 결국 자신의 꿈을 이룬 모습은 존경스러웠습니다. 특히 보험 일을 할 때에는 엄마가 자신의 삶에 만족하지 못할 거라고 생각했지만, 공부방을 하면서는 자신의 삶에 만족할 것이라고 생각이 바뀌었습니다. 육체적으로 힘든 것은 매한가지였지만 아이들을 가르치는 것은 엄마가 하고 싶은 일이었으니까요. 사실 다른 엄마들과 달리 엄마가 태민이에게 "하고 싶은 것을 해라."고 말하는 것도 엄마 자신의 경험이 있었기 때문입니다. 엄마가 보험 일을 할 때에는 적어도 주말에는 쉴 수 있었지만 공부방을 하는 지금은 주말도 없이 일해야 합니다. 그렇지만 몸은 지금이 더 힘들지 몰라도 마음은 더 행복할 겁니다. 돈의 액수, 사회적 인정, 일하는 시간 모두 중요하지만 무엇보다 자기가 하고 싶은 일을 하는 것이 가장 중요하다는 사실을 엄마는 자신의 경험으로 잘 알고 있었습니다. 엄마가 이런 경험을 한 덕분에 태민이도 자신이 원하는 것을 할 수 있는 선택권이 생긴 겁니다.

*

엄마의 마흔 번째 생일에 생긴 일

태민이가 처음에 엄마처럼 살지 않겠다고 결심했던 것처럼 엄마의 취업은 가족들에게 부정적으로 생각되는 경우가 많습니다. 전업맘으로 살아도 힘든데 일을 하면 엄마는 훨씬 힘들어질 것이고, 가족들에게는 엄마의 빈자리가 생길 테니까요. 특히 엄마가 일하지 않아도 생활할 수 있는 정도의 집안 형편이라거나 엄마가 벌어 오는 돈이 많지 않다면 더욱 큰 반대에 부딪힙니다. 가족들이 엄마의 취업을 반대하는 이유는, 엄마의 부재에 따른 경제적·심리적 비용을 바탕으로 손익 계산을 했을 때 좀처럼 이윤이 나지 않기 때문입니다. 우리 사회에서 나이도 많고 경력도 단절되고 아이도 있는 엄마가 할 수 있는 일은 비전문적이고 임금이 적은 일이 대부분입니다. 그나마 같은 시간 동안 같은 일을 하더라도 여성이 받는 돈은 남성이 받는 돈의 60%에 불과합니다.

현실이 이렇기 때문에 엄마의 취업을 경제적·심리적 비용으로 계산하면 대부분 손해입니다. 엄마가 취업하면 엄마가 집에서 아무 돈도 받지 않고 했던 일들에 외식비, 세탁비, 교육비, 가사 도우미 고용비 등의 명목으로 돈이 들어갑니다. 설령 엄마가 벌어 온 돈에서 그 비용을 빼고도 돈이 남는다 하더라도 엄마의 부재로 인해 가족들이 느끼는 심리적 결핍감이 문제가 됩니다. 심리적 결핍감은 돈으로 보상될 수 없다는 이유로, 엄마의 취업은 엄마의 이기적인 고집으로 간주됩니다.

최나미 작가의 동화 『엄마의 마흔 번째 생일』에는 엄마의 취업을 둘러싼 가족들의 갈등이 잘 그려져 있습니다. 일을 하겠다는 말을 여러 번 했던 엄마는 마흔 번째 생일에 직장에 나가겠다고 선언했습니다. 엄마의 말을 진지하게 새겨듣지 않았던 가족들은 몹시 당황했습니다. 무엇보다 할머니의 치매 증상이 더 심해지고 있었기 때문입니다. 그런데 엄마는 오히려 할머니를 보면서 취직을 결심했다고 말합니다. 나중에 할머니처럼 마음의 병으로 지난 일들을 원망하며 살고 싶지 않다는 겁니다. 할머니에게서 자신의 미래를 보았던 것이죠. 하지만 아빠는 엄마에게 "오호라, 병 수발하는 게 싫어서 그런 건 아니고?"라고 비아냥거립니다. 엄마는 이에 굴하지 않고 가족들이 나눠서 할머니의 병간호를 한다는 해결책을 제안합니다. 요일별, 시간별로 고모들과 아빠가 함께 돌본다는 겁니다. 엄마는 할머니가 돌아가시기 전에 온 가족들이 할머니와 시간을 보내면서 마음의 준비를 하는 것이 필요하다고 말합니다. 특히 결혼한 고모들도 출가외인이 아니라 딸로서 할머니를 돌봐야 나중에 후회하지 않을 거라고요. 구구절절 맞는 말일 뿐 아니라 엄마의 의지가 너무 강해서 아빠의 반대도 소용없었습니다. 결국 아빠는 엄마 마음대로 하라고 했지만, 할머니에게 무슨 일이 생기면 전부 '엄마의 책임'이라고 불같이 화를 냈습니다. 할머니의 자식은 아빠이고 엄마는 며느리인데 말이죠.

초등학교 6학년인 가영이도 할머니가 편찮으신데 기어코 직장에 나가겠다는 엄마가 좀처럼 이해되지 않았습니다. 더욱이 엄마가 직장에 나간 후부터 끊이지 않는 크고 작은 소란과 집안의 냉랭한 분위기가 너무 싫었습니다. 하지만 가영이는 학교에서 여자라는 이유로 축구 대회에 참가하지 못할 뻔한 일을 겪으면서 엄마를 이해하게 됩니다. 여자라는 이유로 자신이 잘할 수 있는 일, 하고 싶은 일을 못 하게 하는 것은 부당하다는 사실을 깨달은 겁니다. 가영이는 엄마가 그림을 그려서 행복하다면 가족들이 조금씩 엄마를 돕는 것은 전혀 문제가 아니라고 생각하게 되었습니다. 엄마의 일방적인 희생으로 다른 가족들이 행복한 것보다, 가족들이 조금씩 양보해서 모두 함께 행복한 것이 가족들의 도리이자 진정한 행복이라고 생각한 거죠.

이렇게 역지사지 경험을 통해 가영이의 생각이 바뀌지만 이야기는 여기서 끝나지 않습니다. 결국 아빠와의 갈등으로 엄마가 외가에 가 있는 동안 할머니가 돌아가시고, 엄마와 아빠는 기약 없이 별거를 지속합니다. 동화는 가영이가 부모님의 별거를 불행이라고 생각하기보다 부모님의 삶과 자신의 삶을 분리하는 계기로 삼으며 심리적 독립을 준비하는 모습으로 끝이 납니다.

이 동화에 등장하는 아빠의 주장처럼 엄마가 자신을 위해 시간을 쓰면 가족들은 심리적 결핍을 느낄까요? 또는 엄마가 아니면 다른 누구도 감정적인 돌봄을 할 수가 없는 걸까요? 사실 동화에서도 가영이는 엄마의 취직 때문에 심리적 결핍감을 호소하지 않습니다. 다만 엄마 아빠의 갈등으로 집안이 시끄러워지는 것이 싫었을 뿐이죠. 치매에 걸린 할머니도 엄마가 아닌 다른 사람의 돌봄을 거부하지도 않고요.

*

친구들과 놀러 다니는 엄마가 더 좋아

엄마가 일해도 가족들이 심리적 결핍감을 느끼지 않는 사례를 현실에서도 많이 접할 수 있는데요. 중학교 3학년인 혜진이는 자신을 위해 시간과 돈을 쓰는 엄마가 더 좋다고 말합니다.

Q   엄마가 친구들이랑 놀러 다니시는 건 어때요?

혜진   좋아요. 우리도 집에서 노니까. 친구들 보면 엄마가 문자 같은 것도 관리하는 애들도 있고, 아예 못 놀게 하고, 티비도 못 보게 하고, 데려다 주고 기다렸다 데려오고 그래요. 관리받으면 스트레스 되게 많이 받는 거 같아요. 저희 엄마가 더 좋은 거 같아요.

Q   놀러 가시면 1박 2일 이렇게 잠자고 오세요?

혜진   그러거나 아니면 해외 놀러 가거나. 엄마는 제 친구 엄마들이랑 어울리는 거 싫어해요. 재미없다고. 친구 엄마들이 애들에 대해서 막 얘기하는 거가 재미없다고, "난 내 얘기가 더 좋다."고 그래요. 친구 엄마들 보면 누가 뭐 공부를 잘하고 못하고, 누가 이런 문제가 있다고 맨날 그런 얘기만 하는데, 엄마는 그런 얘기를 왜 하냐면서 자기 애들이나 잘 챙기라고 말해요. 엄마가 옷도 젊게 입고 다니고, 쇼핑 좋아하시고. 엄마가 이제 옷 살 때마다 너네가 말리라고 그러고. 맨날 "엄마 예쁘지 않니?" 그래요.

Q   그럼 뭐라고 대답해요?

혜진   "그래, 예뻐."

Q   '엄마가 이렇게 살았으면 좋겠다.' 그런 바람이 있어요?

혜진   지금 이대로 살았으면 좋겠어요. 다른 엄마들이 애들 학원 데려다 주고 데리러 오고 집에서 안 나가고 계속 그런 게 안 좋아 보여요. 자기 시간이 없어서. 애들 얘기 들어 보면 자기네 엄마는 나가지도 않고 맨날 나만 잡아 놔서 나갔으면 좋겠다고, 너네 엄마 부럽다고 그래요. 스트레스 많이 받는 애들이 있어요. 엄마는 우리한테도 소홀히 안 하면서 자기 시간 보내는 게 좋아 보여요.

엄마는 혜진이가 여덟 살 때 아빠가 돌아가신 후 싱글맘으로 살고 있습니다. 싱글맘이 된 후 친구도 자주 만나고 여행도 자주 다녔습니다. 혜진이 친구들은 그런 엄마를 둔 혜진이를 부러워했습니다. 엄마가 친구를 만나고 여행을 다닌다는 말은 아이들의 일상 관리를 덜 한다는 의미니까요. 엄마도 혜진이에게 과외 세 개를 시키고 학원 하나를 보내며 성적에 신경을 많이 쓰고 있지만, 친구들의 엄마에 비해서는 관리 감독을 훨씬 덜 하는 편이었습니다. 하루 종일 혜진이만 바라보면서 혜진이의 성적에 노심초사하지 않는 엄마 덕분에 혜진이는 스트레스를 덜 받았고, 엄마와 사이도 좋았습니다. 특히 엄마가 국내나 해외 여행이라도 떠나는 날이면 혜진이는 실컷 티비를 보면서 스트레스를 풀 수 있었습니다.

확실히 혜진이의 엄마는 다른 엄마들과 달랐습니다. 중고등학생 아이를 둔 엄마들은 모이기만 하면 자식의 성적을 자랑하거나 걱정하면서 대입 정보를 나누느라 바빴습니다. 하지만 엄마는 그런 이야기에 관심이 없었습니다. '자기 얘기'를 하지 않고 아이 얘기만 하는 자리는 재미가 없었습니다. 쇼핑과 여행은 엄마가 자신에게 돈, 시간, 감정, 에너지를 쓰는 방법이었습니다. 혜진이는 '자기 시간'을 쓰는 엄마에게 결핍감을 느끼는 것이 아니라 오히려 그런 엄마가 좋아 보였습니다. 엄마가 자기 시간을 쓴다고 혜진이에게 소홀한 것도 아니었고, 그만큼 혜진이도 자유로울 수 있었으니까요.

*

품 안의 자식, 마마보이가 되다?

이렇게 엄마가 자기 시간을 갖는 것은 엄마 자신과 여러분 모두에게 필요합니다. 먼저 엄마의 경우를 생각해 볼까요. '품 안의 자식'이라는 말 들어 봤지요? 헌신적으로 아이를 키웠지만 아이는 자라면서 점점 자신의 세계를 형성해 갑니다. 엄마 없이는 아무것도 할 수 없고 엄마와 잠시도 떨어지려 하지 않았던 때가 언제 있기나 했냐는 듯이 어느 순간 엄마를 귀찮아합니다. 엄마보다 친구와 보내는 시간이 더 많고, 엄마에게 말할 수 없는 비밀이 생기기도 하죠. 특히 대입이라는 중요한 목표를 위해 엄마와 맺었던 도구적인 관계도 수능 시험이 끝나면 사라집니다. 아이는 술을 마시고 연애를 하고 여행을 가는 등 학생이라는 굴레에서 벗어나 자유를 만끽하느라 엄마에게 좀처럼 얼굴을 비추지도 않습니다. 아이에게 '올인' 해 왔던 엄마는 갑자기 해야 할 일이 사라지면서 상실감과 소외감을 느끼게 됩니다. 소위 '빈 둥지 증후군' 을 앓게 되는 것이죠.

아이의 경우도 마찬가지입니다. 일거수일투족을 관리하는 엄마 때문에 힘들어하다가도 어느새 관리 감독을 받는 것에 익숙해집니다. 어떤 계획도 세울 필요 없고 어떤 판단도 할 필요 없이 엄마가 하라는 대로 하는 게 편해진 겁니다. 물론 내적인 갈등을 겪기도 하지만 자신에게 헌신적으로 희생해 온 엄마에게 고맙고 미안한 마음에 갈등을 접게됩니다. 자신이 원하는 삶이 아닌 엄마의 만족을 먼저 생각하고 엄마에 대한 의존이 심화되면서 성인이 되어서도 엄마로부터 독립하지 못합니다. 호환마마보다 무섭다는 '마마보이', '마마걸' 이 되는 것이죠.

이러한 부작용을 겪지 않기 위해서는 여러분과 엄마 모두, 엄마의 정체성을 '아이의 엄마' 로 국한시키지 않는 인식의 전환이 필요합니다. 엄마와 아이 모두 서로에게 독립적인 존재가 되어야 하는 겁니다.

엄마, 보통의 존재

경미는 엄마와의 갈등을 경험하면서 자신이 엄마에게 그렇게 분노했던 이유가 엄마를 '숭고한 모성을 지닌 존재'로 이상화했기 때문이라는 사실을 깨달았습니다.

경미　　엄마를 받아들이기 시작한 게, 제가 농성하던 데서 엄마를 엄마로 보는 게 아니라 인간으로 보면서였던 거 같아요. '아, 엄마도 인간이구나.' 싶어 가지고. 왜냐하면 저한테 어머니는 엄청 존경스러워야 하고 완벽해야 되고 저를 완벽히 컨트롤해 줄 수 있는 그런 사람이었는데, 나랑 다른 종류의 사람이었는데, 그때 엄마도 인간이라는 걸 처음 알았던 거 같아요. 엄마는 인간이 아니라 엄마였는데. '엄마도 사람이긴 하구나.'라는 게 느껴지니까 조금씩 감정이 밀고 나오더라고요. '사람이니까 저렇게 힘들 수도 있지 않을까. 사람인데, 저렇게 사는 게 엄청 고되지 않을까.' 하는 생각이 조금씩 드니까 되게 안쓰럽기도 하고. 나한테 했던 행동들도, 말하자면 엄마라서 용서를 더 못 했던 거예요. 다른 사람이 그랬으면 그 사람이랑 안 만나고 무시하면 되는데, 그, 엄마라는 것 자체가 나한테 엄청난 지점이 있었던 거 같아요, 생각해 보면. '어떻게 어머니께서 저런 말을 할 수가 있지? 어머니신데.' 마치 기독교인이 예수가 욕 짓거리하는 걸 보는 느낌? 그런 느낌이었던 거 같아요. 어머니라는 엄청난, 내 주위를 둘러싼 모든 게 어머니 공인데……. 엄마는 뭔가 내게는 창조주 느낌이었던 거 같아요. 내 환경을 만들고 날 살아오게 했으니까 창조주였죠. 그 창조주가 실수를 하면 얼마나 화나겠어요, 피조물이. 그게 아니라 인간이 인간을 낳는 거고, '저 사람도 인간이구나.' 그걸 알고 나서도 받아들이는 게 되게 힘들었어요. 엄마는 인간으로서 보이길 싫어하죠. 엄마이고 싶어하죠. 너무 오래 걸린 거 같아요. 엄마라는 단어 자체를 조금 아는 데도 몇 년이 걸린 거 같아요.

집안 형편은 부침이 있었지만 엄마의 노력으로 경미는 부족함을 느끼지 못하고 자랐습니다. 경미에게는 일곱 살 많은 언니와 두 살 어린 남동생이 있었습니다. 장녀와 막내아들 사이에 낀 둘째 딸은 천덕꾸러기가 되곤 하죠. 하지만 경미는 언니보다 똑똑했고 남동생이 약간의 발달 장애가 있어 엄마의 기대를 한 몸에 받았습니다. 언니가 서울대에 진학하지 못하자 경미는 막중한 책임감을 느꼈습니다. 엄마의 기대에 부응하기 위해 반드시 서울대에 진학하겠다고 다짐했습니다. 하지만 중학생 때 자신이 여자를 좋아한다는 사실을 알게 되면서 엄마와의 갈등이 시작됐습니다. 자살까지 생각할 정도로 심각했던 경미는 엄마에게 어렵게 고민을 털어놓았습니다. 하지만 엄마는 웃으면서 어린 시절 누구나 느끼는 감정이라고 가볍게 치부했습니다. 경미는 엄마의 반응에 충격과 실망을 느끼고 자신을 이해해 주는 친구들과 어울리기 시작했습니다. 처음으로 엄마 전화를 받지 않고 집에 늦게 들어왔을 때 엄마는 경미의 뺨을 때렸습니다. 마침 경미의 주머니에서 담배가 튀어나왔고, 엄마는 그만 분노를 주체하지 못하고 경미를 마구 때렸습니다. 폭행을 계기로 경미는 마음을 닫았고 결국 가출을 했습니다. 고등학교 1학년 때였습니다. 가게를 운영하던 엄마는 가게를 접고 경미를 찾아다녔고, 경미는 위치 추적을 당할까 봐 핸드폰도 꺼 놨습니다. 다만 가출 후 생활이 어려워 돈이 필요할 때만 엄마에게 연락을 했습니다.

엄마는 경미를 찾아다니고 경미는 엄마를 피해 다니던 관계는 시간이 흐르면서 변하기 시작했습니다. 경미는 엄마의 목소리조차 듣기 싫어했지만, 함께 생활하던 친구들이 경미와 엄마의 다리가 되어 준 것입니다. 친구들의 초청으로 엄마가 집에 놀러 오기도 하면서 경미와 엄마 모두 차츰 마음이 풀렸습니다. 특히 경미는 여성학 공부를 하면서 엄마의 반응을 이해하게 되었습니다. 자식이 엄마의 전부인 우리 사회에서 서울대 진학을 기대했던 딸이 가장 차별받는 사람들 중 한 명으로 살겠다고 했을 때 엄마가 느꼈을 엄청난 상실감과 고통을 짐작할 수 있었습니다. 이렇게 조금씩 서로를 이해하면서 경미와 엄마는 새로운 돌파구를 찾았습니다. 성 소수자 인권 운동에 참여하는 경미를 보며 엄마가 자신의 결혼 전 상황을 떠올린 것입니다. 당시에 직장에서는 여자 직원들에게 승진 시험을 볼 수 있는 자격조차 주지 않았습니다. 엄마는 사장에게 찾아가 항의했고, 그 덕분에 엄마가 퇴사할 무렵에는 여자 직원들도 승진 시험을 볼 수 있게 되었습니다. 여자라는 이유로 또는 성 소수자라는 이유로 차별받는 현실을 묵인하지 않는 모습은 모전여전이었지요. 경미는 엄마가 바라던 서울대 진학의 꿈을 실현시켜 주지 못했지만, 대신 차별 없는 세상이라는 더 크고 근본적인 꿈을 되살려 주었습니다. 급기야 엄마는 서울시 학생인권조례 관련 성 소수자 농성 현장에 방문해 지지 발언을 했고, 경미는 엄마에게 마음 깊이 고마움을 느꼈습니다.

경미는 자신의 뺨을 때리고 목을 졸랐던 엄마가 사람들 앞에서 지지 발언을 하기까지 얼마나 많은 갈등과 고민을 했을까 생각하니 마음이 무거웠습니다. 실제로 엄마는 경미에게 "나는 너 때문에 내 밑바닥부터 다 부서졌다."라고 말하기도 했습니다. 경미는 가족들을 위해 희생하는 엄마를 보면서 화가 치솟았고 엄마처럼 살고 싶지 않다고 생각했습니다. 하지만 자신도 모르게 엄마에게 '완벽한 어머니'의 모습을 기대하고 있었던 것입니다. 인간은 완벽할 수 없기 때문에 완벽한 어머니는 '인간이 아닌 존재'였습니다. 엄마가 자신에게 한 언행에 경미가 그렇게 분노했던 것도 엄마에게 그 밖의 사람들과 다른 기준을 적용하고 있었기 때문입니다. 엄마도 보통의 인간에 지나지 않는다는 사실을 깨달은 지금도 경미는 혼란스럽습니다. 결국 자신에게 마음을 연 엄마를 보면서 '자식 이기는 부모 없다'는 말이 떠올랐습니다. 동성애에 그렇게 반대하던 엄마가 태도를 바꾼 것이 '인간이 아닌 엄마'로 살고 있는 증거인 것 같았기 때문입니다.

　성 소수자로서 자신의 정체성을 인정하고 가족에게 커밍아웃하기까지는 굉장히 큰 용기가 필요합니다. 경미와 엄마가 그랬던 것처럼 가족들과 심한 갈등을 겪는 경우가 많고 심지어 의절하는 경우도 있습니다. 경미 친구들 중에서도 경제적인 지원을 끊어 버리거나 집 열쇠를 바꿔 버리는 부모님이 있었습니다. 경미는 그런 부모님들을 보면서 가게도 닫고 가출한 자신을 찾아다녔던 엄마가 새삼 고마웠습니다. 특히 많은 사람들 앞에서 공개적으로 성 소수자 인권 지지 발언을 한 엄마의 용기는 대단한 것이었습니다. 무엇이든지 엄마에게 책임을 전가하는 우리 사회에는 엄마가 적절한 양육을 하지 못해 아이가 성 소수자가 되었다고 생각하는 사람들이 많으니까요. 하지만 엄마는 주위의 부정적인 시선에도 아랑곳하지 않았고 성 소수자 딸에 대한 사랑과 믿음을 보여 주었습니다.

　그런데 역설적이게도 경미는 자신이 성 소수자 정체성을 인정할 수 있었던 것이 엄마 덕분이라고 말합니다. 엄마는 어릴 때부터 다른 사람들의 시선에 좌우되지 말고 자신에 대한 자부심을 지니고 소신 있게 살아야 된다고 가르쳐 주었습니다. 또한 경미를 항상 믿고 존중해 주었고요. 물론 엄마가 성 소수자 정체성을 지지해 주었던 것은 아니지만, 경미는 그렇게 성장해 왔기 때문에 엄마의 반대에 부딪혀도 자신이 생각하는 옳은 길을 걸을 수 있었다고 이야기합니다.

3

엄마의 이름을 불러 보자

*

누군가의 엄마로 산다는 것

'여자와 북어는 사흘 걸러 때려야 한다', '암탉이 울면 집안이 망한다', '여자 셋이 모이면 접시가 깨진다', '여자와 소인은 가까이하지 마라', '여자의 마음은 하루에도 열두 번 변한다', '여자는 백 살을 먹어도 수염이 안 난다', '여자는 세 발 앞도 못 본다', '여자와 겨울 날씨는 믿을 수 없다', '여편네 아니 걸린 살인 없다' 등 여자를 비하하는 속담은 셀 수 없이 많습니다. 이 중에서 여러분도 들어 본 속담이 있을 텐데요. 여성을 차별해 온 전통 사회의 흔적이 속담에 고스란히 남아 있습니다. 이러한 여성 혐오는 비단 우리 사회에만 국한된 현상이 아니에요. 외국에서도 여성 혐오를 담고 있는 속담들을 쉽게 찾을 수 있습니다. '여자에게 몽둥이를, 개에게 뼈다귀를', '아름다운 여자는 근성이 삐뚤어졌다', '여자의 골은 원숭이의 크림과 치즈로 되어 있다', '여자에게 비밀을 털어놓기보다 물 새는 배로 바다에 나가라', '여자는 아무 말 없이 있을 때도 거짓말을 한다', '여자는 구두다. 오래 신고 있으면 슬리퍼가 된다' 등등 한국 속담과 유사한 속담도 있고 낯선 속담도 있지만, 모두 여성에 대한 비하와 혐오를 담고 있다는 점은 공통적입니다.

그런데 거의 유일하게 여자에 대해 긍정적으로 묘사하는 속담이 있습니다. 바로 '태양은 따뜻하다. 어머니 품의 자식은 행복하다' 라는 속담입니다. 이 속담을 보고 있으면 셰익스피어의 격언으로 알려진 '여자는 약하지만 어머니는 강하다' 라는 문장이 떠오릅니다. 여자와 엄마를 전혀 다른 존재로 규정하는 말이지요. 아이를 낳으면, 약했던 여자가 강한 엄마가 되고, 이기적이던 여자가 희생적인 엄마가 되고, 사치스럽던 여자가 검소한 엄마가 되고, 무식했던 여자가 현명한 엄마가 됩니다. 곧 문제투성이었던 여자는 출산을 통해 엄마라는 성스러운 존재로 다시 태어나는 겁니다. 엄마는 아이를 낳고, 아이 역시 엄마를 낳는 것이죠. 더욱이 '모성' 은 본성적인 것이기 때문에 여자는 어떤 노력도 없이 아이를 낳기만 하면 곧바로 '엄마' 가 됩니다. 여자와 엄마에 대한 극단적인 인식의 차이는 여자들에게 아이를 낳아야 자기 안에 있는 모성 본능을 발현해 진정한 여성이자 어른이 될 수 있다고 강요합니다.

그런데 현실에서는 기꺼이 엄마가 되는 여자들도 많지만, 엄마가 되고 싶어 하지 않는 여자들도 적지 않습니다. 또는 엄마가 되고 싶었지만 막상 엄마가 되고 나니 두려움에 휩싸이는 여자들도 있고요. '모성 본능'을 강요받을 뿐 아니라 거의 신의 경지로 엄마를 추앙하는 '모성 신화'에 압도되었기 때문입니다. 아이를 위해 헌신하는 삶, 죽음도 불사하는 사랑 등 모성에 대한 신격화로 인해 엄마가 되면 자신을 잃어버리고 아이 엄마로서의 삶만을 살게 될 것이라는 두려움을 느끼는 것입니다.

과거에 비해 여성에 대한 비하와 차별은 많이 사라졌지만, 핵가족화와 학력 경쟁의 심화로 엄마가 아이에게 해 줘야 할 것들은 훨씬 많아졌습니다. 또한 여성의 교육 수준은 높아지고 사회 진출 기회는 많아졌지만, 경제적인 이유에서든 자아를 찾기 위해서든 일을 하고 싶은 엄마들에게 일과 가정의 양립은 거의 불가능한 상황입니다. 이러한 현실은 엄마가 되는 것에 대해 으레 겁을 먹게 합니다. 그래서 비혼 여성이 증가하고, 노산 및 저출산 현상이 심화되고 있습니다. '여자는 누구나 엄마가 되어야 하고, 그것이 여자의 의무이자 삶의 의미이자 존재의 이유'라고 말하는 모성 본능이라는 믿음으로는 설명할 수 없는 현상입니다. 모성을, 자신을 규정하는 정체성의 전부가 아닌 일부로 위치시키고자 하는 여성들의 바람을 증명하기 때문입니다.

*

엄마에게도 이름이 있었지

하지만 우리 사회에서 모성 신화는 여전히 매우 강력하게 작동하고 있습니다. 린 램지 감독의 영화 『케빈에 대하여』는 모성 신화와 모성의 의무에 대해 도발적인 질문을 던집니다. 린 램지 감독은 이 영화를 통해 "내가 낳은 아이가 전혀 사랑스럽지 않으면 어떨까? 엄마가 된다는 것에 대한 두려움을 얘기하고 싶었다."라고 말합니다.

잘나가던 여행 작가였던 에바는 계획에 없던 임신으로 케빈을 출산합니다. 케빈은 아기 때부터 이유 없이 적대감을 드러내며 엄마를 괴롭히고, 엄마는 그런 케빈에게 지쳐 갑니다. 결국 케빈이 '묻지마 살인'을 저지르면서 엄마의 삶은 송두리째 무너집니다. 엄마는 직장도 잃고, 책임을 묻는 마을 사람들에게 끊임없이 괴롭힘을 당합니다. 엄마도 자신이 지옥에 갈 거라고 말합니다. 영화는 케빈이 왜 그 지경이 됐는지 절박하게 이유를 찾는 엄마의 시선으로 과거와 현재를 교차하며 보여 주지만, 케빈이 소시오패스(sociopath)인 것이 엄마의 사랑과 이해 부족 때문이라고 단정 짓지 않습니다. 엄마와 케빈의 관계에서 어떤 극단적인 결핍이나 상처를 찾기 어렵기 때문입니다. 엄마와 아이의 관계, 아이에 대한 모성, 엄마의 의무와 책임 등 이 영화는 관객들이 마주하기 불편한 질문들을 노골적으로 제기하고 있습니다.

이 영화는 에바가 '케빈의 엄마'인지 아니면 '에바'인지를 묻고 있습니다. 양자택일의 문제가 아니지만 우리 사회는 에바를 '케빈의 엄마'로만 위치시키고 있는 것이죠. 엄마들은 '엄마'라는 이름에 의해 자신의 이름이 없어져 버린 상태로 살고 있습니다. 남편, 친구, 선생님들에게 '영희 엄마', '철수 엄마'로 불리고, 또 자신을 그렇게 소개하죠. 여러분에겐 엄마이기 때문에 너무 익숙하고 자연스럽게 보이겠지만, 사실 역지사지로 생각해 보면 엄마의 상태를 이해하기가 어렵지 않습니다.

여러분은 엄마와 아빠의 자식이고, 학생이고, 십대이고, 여자 또는 남자고, 한국 사람이고 등등 다양한 정체성을 가지고 있죠. 정체성이란 '나는 누구인가'라는 자의식을 의미하는데요. 이렇게 다양한 정체성 중에서 가장 중요한 정체성을 하나만 고를 수 있나요? 그런데 여러분의 다양한 정체성 중에서 '누군가의 자식'만 남고 다른 모든 정체성이 사라진다고 생각해 보세요. 이를테면 케빈이 자신을 "안녕하세요. 에바 아들입니다."라고 소개하고, 사람들도 케빈을 "이봐, 에바 아들!"이라고 부르는 꼴이죠. 아마 그러한 상태가 자연스럽다고 생각하는 사람은 없을 거예요. 하지만 이렇게 자연스럽지 못한 상태로 대부분의 엄마들이 살고 있는 겁니다. 좀처럼 자신의 이름으로 불릴 기회 없이 누군가의 엄마로만 불리는 엄마에게도 이름이 있잖아요. 여러분

도 엄마의 이름을 한번 떠올려 보세요. 새삼스럽게 '엄마에게도 이름이 있었구나.' 라는 생각이 들 겁니다.

심리적 독립을 준비하며

여러분 중에서도 엄마가 한 명의 인간이 되었으면 좋겠다고 생각하는 친구들이 있을 거예요. 하지만 엄마가 '자식을 위해 살아야 하는 존재'가 아닌 한 명의 인간이 되기란 쉽지 않습니다. 우리 사회도 엄마에게 다른 정체성을 허용해야 하고, 엄마도 자신의 자아를 찾아야 할 뿐 아니라, 여러분도 엄마를 한 명의 인간으로 인정해 줘야 합니다. 이는 곧 여러분이 엄마로부터 심리적 독립을 해야 한다는 사실을 의미합니다.

하지만 '자애롭고 헌신적인 엄마'라는 이상이 너무 강해서 여러분도 그런 엄마를 바라고 있을지도 몰라요. 그래서 여러분에게 헌신적인 엄마의 모습을 당연하게 생각하고, 그렇지 못하면 엄마에게 실망하고 다른 엄마들과 비교하면서 서운하고 화가 나기도 하고요. 한편으로는 여러분에게 쏟은 엄마의 사랑과 헌신과 기대를 잘 알기 때문에 엄마를 실망시킬 수가 없어서 엄마가 원하는 대로 행동하는 친구들도 있을 거고, 반면에 엄마가 지나친 간섭이나 방임을 넘어 욕을 하고 폭력을 행사해서 엄마를 증오하는 친구들도 있을 겁니다. 또한 엄마가 돌아가셔서 안 계시거나, 부모님의 별거나 이혼 등으로 함께 살지 않거나, 새엄마와 함께 살거나, 친엄마와 새엄마가 둘 다 있는 친구들도 있겠고요.

이렇게 다양한 경우가 있을 테지만 여러분에게서도 일관된 경향을 찾을 수 있을 거란 생각이 들어요. 여러분이 '자애롭고 헌신적인 엄마'라는 이상적인 엄마상을 가지고 있는 것만큼이나 '자녀는 엄마를 믿고 사랑해야 한다'는 자식으로서의 도리를 당연하게 여기고 있지 않나요? 그래서 엄마들이 '내가 모성애가 부족한 것이 아닐까?'라는 고민을 하면서 스스로 죄책감을 느끼는 것처럼, 여러분도 '그래도 엄마인데 어떡하지?'라며 갈등한 적이 많을 거예요. 특히 우리 사회는 '부모는 자식을 사랑하고, 자식은 부모에게 순종해야 한다'는 유교적인 윤리 의식이 강하기 때문에 엄마가 어떤 행동을 해도 자식에 대한 사랑에서 비롯된 것으로 생각하기 쉽습니다. 그래서 그런 엄마의 사랑을 의심하거나 부정하는 것은 불손한 행위로 생각되어 죄책감을 느끼게 되고요.

하지만 현실의 관계는 이렇게 이분법적으로 선명하지 않습니다. 사랑이란 이름으로 모든 것이 용납되지 않는 것처럼 엄마와의 갈등이 곧 엄마를 사랑하지 않는다는 의미는 아닙니다. 게다가 '가족은 무조

건 사랑해야 한다'는 믿음도 옳지 않고요. 이를테면 욕하고 때리는 엄마도 가족이니까 사랑해야 하는 건 아니잖아요. 또한 가족이라도 사랑하는 감정이 샘솟지 않기도 하고요. 사실 오히려 현실의 가족은 사랑과 온기가 넘치기보다 가족이라는 이유로 서로에게 더 함부로 하는 경우가 다반사입니다.

2011년에 제작된 '안과 밖이 다른 가족'이라는 공익 광고는 일상의 가족 모습을 그리고 있습니다. 이 광고는 네 개의 장면이 이어지는데요. 첫째 장면에서는 젊은 여성이 회사에서 동료들에게 커피를 사다 주지만, 집에서는 엄마를 귀찮아합니다. 이 장면에서 "사원 김아영은 상냥하지만 딸 김아영은……"이라는 내레이션이 나옵니다. 둘째 장면에서는 중년 여성이 꽃을 사러 온 꼬마에게 꽃 몇 송이를 선물로 주지만, 집에서는 청소를 하면서 아들에게 짜증을 냅니다. 이 장면에서 "꽃집 주인 이효재는 친절하지만 엄마 이효재는……"이라는 내레이션이 나옵니다. 셋째 장면에서는 남학생이 친구들과 장난을 치지만, 집에서는 헤드폰을 끼고 음악을 들으면서 과일을 내민 아빠의 손을 거절합니다. 이 장면에서 "친구 김범준은 쾌활하지만 아들 김범준은……"이라는 내레이션이 나옵니다. 넷째 장면에서는 중년 남성이 회사에서 남자 직원의 짐을 들어 주지만, 집 앞에서는 힘에 부쳐 낑낑 거리는 아내를 도와주지 않은 채 아내에게 빨리 오라고 재촉을 합니다. 이 장면에서 "부장 김기준은 자상하지만 남편 김기준은……"이

252

라는 내레이션이 나옵니다. 그리고 "밖에서 보여 주는 당신의 좋은 모습을 집 안에서도 보여 주세요."라는 내레이션으로 끝이 납니다.

'소중한 가족에게 잘하자' 라는 메시지를 담고 있는 이 광고가 제작된 이유는 현실의 가족이 언제나 서로를 사랑하고 돌보는 관계는 아니기 때문입니다. 오히려 다른 사람에게는 예의를 차리고 눈치를 보면서 잘 보이려고 노력하지만, 일상을 함께하는 가족에게는 자신의 꾸미지 않은 본모습을 드러내게 되지요. 이렇기 때문에 가족이라면 상대방을 더 잘 알 수 있습니다. 따라서 '가족' 이란 이름으로 관계를 미화하기보다 가족의 본모습을 있는 그대로 보면서 서로에게 발전적인 관계를 맺는 것이 중요합니다. 발전적인 관계를 맺기가 어렵다면 가족이라 하더라도 거리를 두는 것이 필요하고요.

그렇다면 엄마와 어떤 관계를 맺을지 어떻게 결정해야 할까요? 세상에는 너무나 다양한 엄마가 있는데 말이에요. 예를 들어 자식이 절도, 폭력, 살인 같은 중대한 범죄를 저질렀다면, 어떤 엄마는 자식을 숨겨 주고, 어떤 엄마는 자식을 모른 척하고, 어떤 엄마는 자식을 신고합니다. 여러분은 어떤 엄마가 좋은 엄마라고 생각하나요? 여러분 일상에서 예를 하나 더 들어 볼게요. 한참 유행했던 값비싼 패딩 점퍼를 사 달라고 할 때 어떤 엄마는 흔쾌히 사 주고, 어떤 엄마는 성적이 오르면 사 주겠다고 조건을 내걸고, 어떤 엄마는 빚을 내서라도 사 주고, 어떤 엄마는 사 주고 싶지만 형편이 안 되서 못 사 준다고 솔직히 말하고, 어떤 엄마는 사 줄 형편은 되지만 학생이 입기에는 너무 비싸서 사 줄 수가 없다고 하고, 어떤 엄마는 스스로 용돈을 모아 사라고 합니다. 여러분은 어떤 엄마가 제일 마음에 드나요? 그리고 여러분의 엄마는 어떤 타입인가요?

여러분의 선호는 제각각일 거고, 마찬가지로 여러분의 엄마도 다양할 거예요. 여러분에게는 비슷해 보이는 사건인데도 엄마는 이랬다가 저랬다가 할 거고요. 그래서 엄마와의 관계는 일관적일 수가 없고 엄마에 대한 감정도 복잡합니다. 어떨 때는 엄마가 정말 좋고, 어떨 때는 엄마가 너무 미울 테고요. 그렇기 때문에 여러분이 스스로의 기준을 세우는 것이 필요합니다. 이렇게 복잡하고 다면적인 관계에서 여러분 나름의 기준을 세우지 않으면 굉장한 혼란과 갈등을 경험하기 쉽습니다. 예를 들어 엄마가 나에게 정말 헌신적이었다면 엄마에게 보답하고 싶어서 엄마가 좋아하는 행동을 하기 마련입니다. 그런데 엄마와 내가 생각이 다를 때는 어떻게 해야 할까요? 만약 여러분이 대학에서 하고 싶은 전공과 엄마가 바라는 전공이 다르다면요? 이럴 때는 엄마와의 협상이 필요합니다.

저는 대학 때 영문학과 국문학을 전공하다가 사회학과 철학으로 전공을 바꾸려고 했어요. 하지만 부모님이 펄쩍 뛰면서 반대를 하셨어요. 영문학을 해야 아르바이트도 하고 취직이 더 잘된다는 이유에서

였죠. 부모님은 대학 등록금을 내주니 대학 전공은 부모님이 하라는 걸 하고, 하고 싶은 전공은 스스로 돈을 벌어서 대학원에서 하라고 하셨어요. 그때 저는 부모님에게 경제적으로 의존하면서 내 마음대로 할 수는 없다는 사실을 알게 되었어요. 게다가 제가 전공을 바꾼다는 얘기에 엄마가 심장이 뛰고 잠을 못 잤다는 말을 듣고 더 이상 고집을 피우지 않았어요. 저는 그렇게 마음이 강하지 못했거든요. 그 대신 대학을 졸업한 후에 혼자 돈을 벌어서 제가 하고 싶은 여성학을 공부했지요. 혼자 힘으로 학비와 생활비를 벌면서 공부하는 것은 정말 힘들었지만, 부모님 말씀대로 영문학을 전공했기 때문에 과외와 학원 아르바이트를 하며 겨우 생활할 수 있었어요. 반면에 대학에서 사회학을 전공하지 않은 상태에서 여성학을 하다 보니 공부가 어려워서 마음고생을 많이 했죠.

제 경우처럼 엄마와의 협상에는 많은 변수들이 작용합니다. 엄마에게 경제적으로 도움을 받아야 할 때도 있고, 또 엄마에게 애증이라는 복잡한 감정이 있으니까요. 게다가 어떤 결정을 하더라도 장단점이 있게 마련입니다. 최선의 결정, 곧 정답이란 없는 것 같아요. 대신 엄마와 생각이 다를 때 엄마가 왜 그렇게 생각하는지를 이해하고, 여러분이 왜 그렇게 생각하는지를 설명하려는 노력이 필요합니다. 그런 소통을 통해 여러분이 어디까지 양보하고 고수할 것인가를 스스로 결정해야 합니다. 세상의 누구도 여러분 자신보다 여러분을 더 잘 알지 못하니까요. 그리고 가장 중요한 것은 그 결정에 대한 책임을 자신이 진다는 사실입니다. 세상 누구도 여러분의 삶을 대신 살아 줄 수 없으니까요.

누구도 다른 사람의 삶을 대신 살아 주지 못한다는 당연한 사실을 우리는 쉽게 잊어버리곤 합니다. 이는 곧 '엄마는 엄마의 삶을 살고, 여러분은 여러분의 삶을 살아야 한다'는 의미입니다. 엄마와 여러분이 각자의 삶을 살면서 변화무쌍한 모자 관계를 유지하는 것이 무엇보다 중요합니다. 저는 이것이 '심리적 독립'이라고 생각해요. 삶의 다양한 국면마다 엄마를 고려하지만 판단과 선택의 기준은 '여러분 자신'이어야 한다는 것입니다.

그리고 심리적 독립을 위해서는 물리적 독립이 필요합니다. 제가 대학을 졸업한 후 학비와 생활비를 스스로 벌어서 원하는 공부를 할 수 있었던 것처럼 물리적 독립은 심리적 독립을 훨씬 수월하게 도와줍니다. 그리고 엄마와 함께 살지 않는 것도 심리적 독립에 상당히 도움이 됩니다. 대체로 헌신적인 엄마라면, 떨어져 살면서 엄마로부터 물리적이고 감정적 돌봄을 덜 받게 돼 엄마에 대한 의존과 고마움 또는 미안함이 줄어들게 됩니다. 대체로 방임하거나 학대하는 엄마라면, 떨어져 사는 것이 무엇보다 중요하다는 것은 말할 필요도 없겠죠. 어쨌든 일관되게 좋은 엄마도 없고 일관되게 나쁜 엄마도 없기 때문에 자녀는 엄마에게 애증의 감정을 갖게 마련입니다. 그래서 엄마와 물리적 거리를 두면 싫은 감정이 줄어들고 좋은 감정이 더 커지는 것 같아요.

물론 방임하거나 학대하는 엄마도 좋은 엄마의 모습을 보일 때가 있을 겁니다. 하지만 엄마가 가끔 좋은 모습을 보인다 하더라도 방임, 폭력, 학대 등은 절대로 참아서는 안 됩니다. 그런 엄마와 떨어져 살 수 없는 상황이라면 친척, 선생님, 사회 기관 등 주위에 적극적으로 도움을 청해야 합니다.

사실 누구나 대학 입학, 입대, 취직, 결혼 등을 통해 엄마로부터의 물리적 독립을 언젠가는 경험하게 됩니다. 부모님이 이혼이나 별거를 해서, 또는 엄마가 돌아가시거나 정서적으로 불안정해서 함께 살지 못하게 된 친구들은 물리적 독립을 다른 사람보다 조금 먼저 하게 되었다고 생각하면 좋겠어요. 모든 일에는 장단점이 있잖아요. 많이 힘들고 슬프겠지만, 좀 더 일찍 자신이 기준이 되는 삶을 살면서 성숙해질 것입니다. 게다가 모자 관계는 결코 끊어지지 않잖아요. 심지어 엄마가 돌아가신다 하더라도 엄마는 마음속에 계시니까요.

제가 여러분에게 심리적 독립이 필요하다고 이야기하고 있지만, 아직 여러분이 어리고 엄마에게 감정적·물리적인 돌봄을 받고 있기 때문에 엄마로부터의 심리적 독립은 쉽지 않습니다. 어른이 되어도 엄마로부터 심리적 독립을 하지 못하고 마마걸과 마마보이로 사는 사람들도 많아요. 하지만 『우리 엄마는 왜?』를 읽으면서 심리적 독립의 중요성을 알게 되었을 거라고 기대합니다. 심리적 독립을 하기 위해 노력하다 보면 자기도 모르게 자신이 주인이 되는 삶을 살고 있는 여러분을 발견할 수 있을 겁니다. 그리고 엄마의 모습을 있는 그대로 더 잘 이해할 수 있게 돼서 엄마도 보다 자유롭게 엄마의 인생을 살 수 있을 겁니다. 여러분과 여러분의 엄마를 응원합니다.

*

도움받은 자료

1장 매니저 엄마

장상환, 「해방 후 한국자본주의 발전과 부동산투기」, 『역사비평』 2004년 봄호, 2004
김희삼, 「영어교육 투자의 형평성과 효율성에 관한 연구」, 한국개발연구원, 2011
임혜지, 『고등어를 금하노라』, 푸른숲, 2009

2장 일하는 엄마

홍승아, 「맞벌이 가족의 일-가족 양립 지원」, 『월간 복지동향』 137호, 2010
백경미·송수진·조현정, 『충청북도 위기청소년지원사업 성별영향평가』, 충청북도여성발
전센터, 2011
EBS 마더쇼크 제작팀, 『마더쇼크』, 중앙북스, 2012

3장 아빠와 엄마

조건준, 『아빠는 현금 인출기가 아니야』, 매일노동뉴스, 2009
강상구, 『내 생애 가장 아름다운 365일』, 브리즈, 2007

신경숙, 『엄마를 부탁해』, 창비, 2008
정재기, 「한국의 가족 및 친족 간의 접촉 빈도와 사회적 지원의 양상: 국제간 비교의 맥락에서」, 『한국인구학』 제30권 3호, 2007
정경희, 「2004년 전국 노인생활실태 및 복지욕구조사」, 한국보건사회연구원, 2004

4장 싱글 엄마

김승권, 「한부모가족 생활안정화 및 자녀양육 지원강화 방안 연구」, 보건복지가족부, 2009
우에노 치즈코, 『화려한 싱글, 돌아온 싱글, 언젠간 싱글』, 나일등 옮김, 이덴슬리벨, 2011
언니네트워크 가족구성권연구모임, 『비정상 가족들의 비범한 미래기획』, 2012

5장 딸이었던 엄마

버지니아 울프, 『3기니』, 태혜숙 옮김, 이후, 2007
─────── 『올랜도』, 최홍규 옮김, 평단, 2008
김미선, 『명동아가씨』, 마음산책, 2012
남인숙, 『왜 여성학인가』, 학문사, 2003
김현미, 「페미니즘과 문화연구는 행복하게 만나는가」, 『현대사상』 3호, 1997
댄 킨들러, 『알파걸: 새로운 여자의 탄생』, 최정숙 옮김, 미래의 창, 2007

6장 인간 엄마

황선미, 『마당을 나온 암탉』, 사계절, 2002
엘리자베트 바댕테르, 『만들어진 모성』, 심성은 옮김, 동녘, 2009
최나미, 『엄마의 마흔 번째 생일』, 사계절, 2012